「部下が育たない」と悩む人の本

悪いのは会社か？　あなたか？　本人か？

タナベ経営　北海道支社長
笠島雅人 著
Masahito Kasajima

ダイヤモンド社

まえがき

「また内定を辞退されました。これで○人目です……」

多くの企業の人事担当者から、このような言葉を何度も聞きます。いわゆる「失われた二〇年」において新卒採用を極力抑えてきた企業が、景気が回復した二〇一四年ごろから一気に採用枠を広げたため、就職戦線は売り手市場一色。さらに大手企業の新卒採用ルールの変更の影響もあり、特に中堅・中小企業は大変厳しい人材獲得競争を余儀なくされています。

これは、以前より懸念されていた人口減少（学生数の減少）と、デフレ不況からの回復による就職氷河期の終わりが、同時に訪れたためです。内定をいくら出しても辞退されてしまうという、かつてない経験をした採用担当者も多かったのではないかと思います。

それを反映して、私たちタナベ経営にも、人材に関するコンサルティングの依頼が増えています。採用そのもののコンサルティングをはじめ、人事処遇制度や評価制度の改定、社員教育体系の構築など、採用活動を有利に運ぶための支援、また、人手不足を補うための現有戦力強化――。人材育成、つまり「社員研修」も大変依頼の多いテーマです。現在の人員体制で何とか戦うために社員を戦力化してほしい、しかも即席で、という要望も大変多いのですが、残念ながら「人材育成に即効性はない」と言わざるを得ません。もちろん、研修を受講される方が積極的に取り組めば、ある程度の即効性は認められます。しかし、本質的な能力レベルでの成長となると、やはり数年を掛けて積み上げていく必要があります。

したがって、中・長期経営計画に沿って長年にわたり採用と育成に取り組んできた企業と、時折思い付いたように社員研修を企画する企業とでは、人材の質に大きな差が出ることも事実としてお伝えしなければなりません。

私は経営コンサルタントとして約二〇年活動してきましたが、あらためて強く思うのは、「本気で人材育成に取り組む企業が何と少ないことか」ということです。当然、企業としては先立つものがないと育成しようにも予算化できないので、業績がついてこなければ人材育成が後回しになってしまうのも致し方ないと思います。ですが、トップの思い付き（「良い研修がある」といううわさをどこかで聞いた、など）や、税金対策のため利益処分策として研修を企画する、といったことも少なくありません。そのような状況でありながら、「なぜ社員が育たないのか」という議論をするのはいかがなものか、と思わざるを得ません。

また多くの管理職の方々は、どのようにすれば人が育つのかを理解されておらず、自身が良かれと思ったやり方で部下育成に取り組んでいます。その結果、熱心に教えるほど、逆に部下はモチベーションが下がり続けて上司から離れていく。最悪の場合、退職に至るといったようなケースをよく耳にします。

ここで皆さんに一つ、質問をしたいと思います。社員（人材）は、どのようなプロセスを経て育っていくのか、ご存じですか？

「今どきの若手は『ゆとり世代』だから」などと、若手社員が育たない原因を学校教育に転嫁する声をよく聞きますが、果たして原因は本当にそれだけなのでしょうか。

人材（部下）が育つ、育たない理由は何か。また、どのようなプロセスを経て成長していくのか。部下を持つすべての上司の方々は、これを理解した上で部下の育て方を考えていかなければなりません。そのためにも、人材育成を直属の上司に任せ切りにするのではなく、企業ぐるみで取り組んでいく必要があります。

部下は、会社の未来を明るくも、暗くもします。そして日本の未来も、その世代がつくっていくのです。もし、上司が彼・彼女らを育てられなければ、自社を、そして世の中全体を限りなく衰退の未来へと進めていくかもしれません。

これは決して大げさではなく、現実に私たちの身近で起こっていることなのです。私は人材育成の現場を見るにつけ、「何とかしなければいけない」という思いが日々、強くなっています。

そのような思いと、人材育成に長く携わってきた経営コンサルタントとして、この現実と構図をぜひ全管理職の皆さんに知ってほしい。そんな使命感から、この本を書きました。何か一つでも皆さんの心の琴線に触れることができれば幸いです。

笠島雅人

二〇一六年二月

「部下が育たない」と悩む人の本◎目次

第2部 社風改善編

第6章 「熱血ダメ上司」と「優秀組織人ダメ上司」

第7章　「ダメ社員問題」は本当に個人の特性によるものなのか

第8章　実は、良くも悪くも社風が人材を育てている

第9章　人が育つ社風をつくるには

第１部　人材育成編

第1章

社員の成長をもたらすものは何か

◆社員が成長していく会社、社員を育てられない会社

経営コンサルタントという仕事をしていると、街角で突然、「先生！」と声を掛けられることが時々あります。「〇〇セミナーでは、お世話になりました」「新入社員のとき、研修でお世話になりました」と言われると、うれしいものです。

特に、「おかげさまでこういう立場になりました」と名刺をもらい、管理職や経営幹部の肩書が付いていたら、この方の成長に微力ながら役に立てたかなという充実感があります。

また「さすが、新人が早く育つなぁ」という企業や、逆に「えっ！ 彼、もう辞めちゃったの？」という企業と出合うこともあります。

「あの会社は、入社した人の多くが三～五年で辞めてしまう」などと聞くと、とんでもないブラック企業だと思われるかもしれません。一般的にブラック企業とは、労働環境が過酷で、社員を使い捨てるような企業を言いますが、実はそのことと、人が育たずに退職してしまうことは、また別の問題なのです。

個人事業主でない限り、人材育成に取り組んでいない企業は存在しないでしょう。ほとん

どの企業は何らかの育成カリキュラムを持ち、上司は部下育成に取り組んでいます。

人材育成は、大げさかもしれませんが、全人類の永遠のテーマであると言ってもよいと思います。そして多くの人は、自分たちよりも優れた人材を後世に残し、未来が現在よりも豊かであることを願っているはずなのです。

企業経営の場合も同じで、後継経営者・後継幹部が全員、現職の経営者・経営幹部よりも能力的に劣っていたら、そして、その部下たちが、彼ら・彼女らよりもさらに劣っていたら……。この負のスパイラルを続けたとき、その会社は将来にわたって繁栄を続けることが可能でしょうか。企業の将来を考える上で、人材育成はそれほど重要なのです。

ところが人材育成には、「この通りにすればよい」という確たるマニュアルはありません。したがって、優れた部下を育てることの難しさ、困難さは、部下を一人でも持つすべての上司にとって、最も頭の痛い課題であると言っても過言ではないでしょう。これが、企業経営において「人材育成は永遠のテーマ」「後継体制の育成こそが経営における最も難しい仕事」と言われるゆえんです。

そこで「皆さん、将来のために人材育成をしっかりやりましょう！」という話になるのですが、その呼び掛けに対し、

「そんなことは分かっていますよ。階層別に、体系的に研修をやらなくてはダメなのですよね？　しかも、毎期しっかりと予算化して」

「それから、人事評価もしっかりやらないとダメですよね。やってもやらなくても同じなら、社員のモチベーションが下がりますから」

「あ、そうそう。中期ビジョンも明確にして全員で共有しないと、モラールが低下しますよね。セミナーで教わりましたから」

――という声が聞こえてきそうです。人材育成への取り組みについては、確かに〝分かっている〟のかもしれません。しかし、分かっているのに、なぜ「永遠のテーマ」と言われるほど難易度が高く、また部下育成に悩む人が多いのでしょうか？

　実は、ほとんどの人は、その本質的なメカニズム（人材の成長とはどのようにして起こるのか）が、よく分かっていないからなのです。本質的なことが分かっていないから、一般的な研修を繰り返し実施したり、育成手法に凝ったりして、「思ったような効果が上がらない」と嘆く、または「意味がなかった」とあきらめることになってしまうのです。

◆部下を育てるのがうまい上司、部下を育てられない上司

企業によって、人材育成にレベル格差があります。それと同じように、部下を育成するのがうまい上司と、育てられない上司が実在します。私は職業柄、その違いはどこにあるのかと、コンサルティング現場で多くの管理職の皆さんを（誠に失礼ながら）観察してきたつもりですが、「このような気質の上司なら必ず部下を育成できる」という絶対的なパターンはありませんでした。

例えば、「プレーヤーとしては大変優秀」「とても人柄が良い」「リーダーシップが強く、牽引力《けんいん》もある」にもかかわらず、部下を育成できない上司もいれば、逆に「プレーヤーとしてはいまひとつ」「あまり良い人柄とは言えない」「リーダーシップが強くない」という上司なのに、ついた部下が育っていくケースもあります。

私が思うに、これは偶然ではありません。部下を育成するためのポイントがいくつかあり、そのどれかを上司が自分の個性に基づいて実践しているからのようです。

「上司が部下を育てる」という視点で考えると、**【図表1】**の三点が大きなポイントになり

【図表1】上司が部下を育てる３つのポイント

①部下のモチベーションを上げることができる ②方向を示し、部下を納得させることができる ③部下の変化に気付き、フォロー・サポートができる

ます。

これでは抽象的すぎて「具体的にどうするの？」と聞かれそうですが、上司によって、それぞれ具体的なやり方は違います。

例えば、モチベーションを上げるといっても、部下の性格によって「やる気が出る要素」は異なります。それを一人一人見抜いてうまく実践する上司もいれば、とにかくポジティブで、一緒にいるだけでやる気がわいてくるような、持って生まれた才能の持ち主もいます。方向を示して納得させることや、仕事の大義を分かりやすく説き、夢を見せることができる人、その目的を理論的に解説し、納得を得ていく上司もいます。

フォローやサポートについても、上司のセンスによるところが大きく、タイミングや言い方一つで、部下は答えを得て、やる気をみなぎらせることもあれば、かえって迷惑がられて逆効果になることもあります。上司のやり方によっては、熱心にフォロー・サポートをすればするほど部下が離れていくケースも少なくありません。

こんな話を聞くと、「部下育成は才能だから、どうしようもない」「自分には無理だ」と言いたくなるかもしれません。確かに、育成センスの高い方は実在しますが、もちろん、世の中はそんな上司ばかりではありません。

◆人材の成長プロセスを分かっていない上司（会社）の下では育たない

皆さんは、部下の「成長度合い」を測るものさしを持っていますか？

「うちは営業の会社だから、営業成績が上がれば成長だよ」

もちろん、それはそうでしょう。または、

「技術を売りにする会社なので、技術力が上がらなければ成長したとは言えない」

これも、間違いではないと思います。

しかし、皆さんは部下一人一人について、「○○で伸ばしていこう」という育成方針を持っているでしょうか。部下を理解し、強み・弱みを把握した上で、チーム（部署）が達成しなければならない方針・目標を踏まえ、部下一人一人が伸ばすべき点を設定する。これが部下育成の第一ボタンです。

そして肝心なのは、そのテーマに沿って、現在の部下のレベルよりも少し高いレベルの仕事を与え、最後までやり切れるように皆さんがフォローしていくことなのです。これを私流の言い方で表現しますと、「部下に負荷を掛けてフォローする」ことになります。

この「負荷」という表現は、人材育成ではあまり使わないと思います。普通は「鍛える」になると思いますが、私はあえて「負荷」と表現します。「鍛える」は受け取り方によって精神論的になってしまい、仕事で掛かる負荷という肝心なことが薄れてしまうからです。

ですから「部下を鍛えてください」でなく、「部下に負荷を掛けてください」と言います。負荷を掛けるというと、部下にしてみれば「つらそう」「大変そう」というイメージがあるでしょう。確かに、本人のレベルよりも高いレベルを要求しているのですから、業務遂行に当たって本人は多少なりともつらいことがあるはずです。しかし、実はそこが大切なところであり、能力アップのためには必要なことなのです。

ＯＪＴ（オン・ザ・ジョブ・トレーニング）やコーチングなど、ちまたにあふれる人材育成手法では、「部下をいかにフォローするか」という部分ばかりがクローズアップされ、肝心の「負荷を掛ける」ということにはあまり触れられません。もちろん、部下をフォローすることは大切です。そうしなければ部下は挫折してしまう可能性があるからです。とはいえ、上司がフォローばかりしていては部下本人に負荷が掛からず、単に甘やかすだけになってしまいます。あくまでも部下本人が最後までやり切れるように、上司がフォローしていくことです。

◆本人の資質と育つ環境はどちらが重要？

世の中には、「人材がよく育つ会社」が存在します。そのような会社は、どんな人材でも入社すれば成長できるのかと言えば、そんなことはありません。ですが、少なくともダメ社員になって退職してしまうことは少ないと言えます。さて、その違いはどこにあるのでしょうか。

それは、先に述べた「上司が部下を育てる三つのポイント」が、会社の社風として醸成さ

れているかどうかです。すなわち、

①社員のモチベーションが上がる仕組みと風土がある
②理念・方針を明示し、社員の理解と協力を得る仕組みがある
③社員の変化に気付き、組織的にフォロー・サポートできる社風がある

——ということです。

最近、「優秀な部下を育てるには、優秀な人材を採用しなければならない」というわけで、新卒採用を強化する企業が増えています。もちろん優秀な人材を採用することは企業努力として必要なことであり、短期的な視点で考えるとそれだけでよいかもしれません。

しかし私は、本人の資質よりも、企業として人材を育んでいける環境を整えることが大切だと思っています。なぜなら、会社は組織だからです。いかに優秀な人材を集めても、組織として機能しなければ企業力は高まりません。

人材を育んでいく社風が醸成されている状態とは、少し難しい表現になりますが「理念を追求し、ビジョンを掲げ、そこへ向かっていくための経営の仕組みが機能している状態」を言います。目的に向かうことで組織が活性化し、管理職が育ち、育った管理職が部下をまた育成していくという善循環が起こっている状態です。

皆さんも、優良企業を視察などで訪問したことがあると思いますが、社内の雰囲気が違うと感じたことはありませんか。社員が明るく、生き生きとして本当によく働いていることに気付かれたと思います。これがまさにそのような善循環が起こっている証しなのです。

◆人材育成方法は、すべてツールである

人材育成手法や研修のすべては、人材を育成するためのツールです。したがって、それだけでは人材は育ちません。どんなに素晴らしい育成手法もセミナーも、それを受けた翌日から人材がメキメキ成長するということはあり得ません。育成手法やセミナーを提供する側の私がこんなことを書くと、皆さんに怒られそうですが、育成手法やセミナーを本当に役立ててもらうには、どうしてもその点を理解していただく必要があります。

「○○セミナーを受講させたけれど、さっぱり成長していない」と言う企業を確認すると、受講後、ほぼ本人任せの放置状態であることが多く、「セミナーを受けたのだから成長して

帰ってきたのだろう」と、お手並み拝見という態度の〝他人事上司〟も存在します。

もちろんセミナー主催者としては、社員の方を派遣していただくことは大変ありがたいのですが、私たちが上司に代わって受講後のフォローを一人一人に行うことはできません。しかし、研修・セミナーを受講された方は、何らかの気付きを持って帰られるケースが多いわけです。帰社後、日常業務で自分に負荷の掛かるレベルのテーマに取り組んでもらい、できない部分は上司の適切なフォローでやり切ることができれば、かなり高い確率で成長が望めるはずなのです。

〝他人事上司〟が多いのは、部下に愛情がないのではなく、このメカニズムの本質的なところが分かっていないのではないかというのが、私がお伝えしたいことでもあります。

「部下が育たない」と悩み、本書を手に取ってくださったあなた。部下が育たない理由は何ですか？

——部下本人の資質だから仕方がないのか？

——いや、部下育成の仕方が良くないのか？

——そもそも、人材が育たない風土なのか？

さあ、一緒に答えを見つけましょう。

第2章

どうして私の部下は、こんなにダメなのか

エピソード1　ある課長の嘆き

「それにしても腹が立つ！」

なぜ部下の不始末で、自分ばかりがペコペコ頭を下げなければならないのか――。朝の満員電車でT課長は、悪夢のような昨日の出来事を思い出し、大きくため息をついたのでした。

「どうして私の部下は、こんなにダメなのか」

その悪夢の一日は、朝一番に掛かってきた電話から始まりました。顧客であるA社のY部長からのクレームでした。

「君のところのS君が、依頼した内容と違うことをしている。一体、どうなっているのか」

T課長が勤めるシステムB社は地方都市の中堅企業。業務用アプリケーションの開発を手掛けています。自治体向けシステムの開発に定評があり、業績も順調に伸びてきました。しかし、近年は頭打ちで、第二の柱の事業をつくるべく、流通・サービス業向けのシステム開発を行うことが決まったのです。

そこで、前職でサービス業のシステム開発経験があるT課長が、プロジェクトリーダーとして抜擢《ばってき》されました。社内から選ばれた若手の〝精鋭〟五人とともに、鳴り物入りでプロジェクトが立ち上がった……までは良かったのですが、新プロジェクトはクレーム続き。T課長の責任問題に発展し、リーダー交代やプロジェクトの解散が社内でささやかれ始めていました。

部下のS君は〝精鋭〟の一人。モバイル分野に強く、スマートフォン（以下スマホ）を使ったシステムのスペシャリストを自負しています。半面、経理・財務に弱く、特に基幹系絡みの仕様になるとモチベーションが下がる傾向がありました。勝手な行動も多く、平気で自分好みのシステムに仕様を変更し、顧客からクレームがくることもたびたびでした。

今回のA社の案件では、従業員のスマホ所持率が高いことを理由に、S君が勝手に仕様を変更。社員個人のスマホから会社のデータベースにアクセスできるようにしたため、Y部長の知らないうちに業務フローが出来上がりつつありました。Y部長は「ガラケー」（従来型の携帯電話）しか使えない方でした。

T課長は慌てて、A社に急行しました。

T課長「誠に申し訳ありません。SにはY部長とコミュニケーションを密にして、勝手な変更をしないようにきつく言いましたので、なにとぞお収めください」
Y部長「勝手にやられると困るんだよ。現場は喜んでいるようだが、個人の機器を使うとセキュリティー面で問題があるだろう。この辺のことは部下に指導しているのかね？追加費用は全部、君のところでみてもらう。いいね？」
T課長「申し訳ありません。しかし全額というのは……」
Y部長「じゃ、すぐ元に戻してよ。システムをいったん止める以上、その期間の営業損失はペナルティーとしてみてもらうからね」
T課長「私の一存では決められませんので、上司と相談させてください……」
Y部長「しっかり頼むよ。とにかく保証はしてもらう。上司にそう伝えておいて」
T課長「はい、持ち帰り検討の上、お答えいたします。誠に申し訳ありません」

「あれほど勝手なことはするなと言っておいたのに。Sのやつ、もう容赦しないぞ」

そう息巻いて帰社したT課長。着くなり早々、「T課長、C商事のZさんが電話をほしいそうです」という事務員の一言に、背中に冷たいものが走りました。

「もしかして、また？」

C商事は開発スケジュールが遅れ気味で、万一稼働が遅れるとペナルティー問題に発展しかねない、最も頭の痛い案件でした。

T課長「もしもし、申し訳ありません。今後は私がスケジュールを見ますので、遅れの件はなにとぞ……」

Zさん「あなたのところのR君は、素直でいい子だと思うんだけど、いくら言っても進まないんだよ。これじゃあ困るんだ。あなたの指導が悪いんじゃないのか」

T課長は、またもや平謝りする自分が情けなく、泣きたい気持ちでいっぱいでした。

C商事を担当するR君も〝精鋭〟の一人。温厚で優しい性格から、誰にも好かれる好青年です。しかし超が付くほどのマイペース人間で、何が起きようとも自分のペースを絶対に崩しません。つい先日も、小さなシステムトラブルの対応に向かう途中、昼食に一時間も掛けたため約束の時間に遅刻。大クレームに発展させたばかりでした。

満員電車を降り、重い足を引きずるようにして会社に向かいながらT課長は思いました。

「社長は『君のために精鋭部隊を集めるから』と約束したのに、Sといい、Rといい、どうして部下に恵まれないのか。こんなことなら新しいプロジェクトなんて引き受けるんじゃなかった」

考えてみれば、会社の規模と今の人材レベルでは精鋭部隊なんて無理だろう。それに、若い社員は生意気で自分勝手。言われたことしかせず、指導しても「課長の指示の出し方が悪いから動けないんですよ」と反論される始末――。

（俺が若いころは上司に面倒を見てもらおうなんて、これっぽっちも思わなかった。仕事のやり方なんて教えてもらった記憶もない。「人に教わろうなんて、一〇年早い」と言われたこともあったなぁ……でも、いまだに〝一〇年早い〟の意味が不明だ……）

どうでもいいことを思い出してしまった、とT課長はまた、ため息をつくのでした。

◆上司と部下の関係性は、昔も今も変わらない

さて読者の皆さんは、T課長のような経験をお持ちでしょうか？

クレームでこっぴどく怒られた経験ではなく、「自分の部下はなぜ、こんなに出来が悪いのか」と思った経験です。

「あれほど言ったのに……」「どうして、こんなことが分からないのか」「何回、同じことを

言わせるのだろう」

――とまあ、こんな感じでしょうか。恐らく、部下を一人でも持つ管理職の方なら、一度はこんなふうに思ったことがあると思います。部下育成はすべての上司を悩ませる最も頭の痛い課題の一つです。「自分の指導の仕方が悪いのでは」「どのように指導してよいのか分からない」とお悩みの方もきっと多いことでしょう。

しかし理屈で考えてみると、これは不思議な話です。そもそも管理職の方々は、誰かの指導を受けて成長してきたから〝上司〟として存在しているのです。したがって、自身が育てられた経験をもとに、「あの指導があったから自分は成長できた」と思うことを今の部下に実践すれば、少なくとも自分自身のレベルまでは成長するはずです。

ところが、多くの管理職の方々は「あの指導があったから、今の私がある」なんてことはほとんど記憶にありません（立派な上司に恵まれた方は別です）。もちろん、自分自身で何かしらの努力をしてきたからこそ、今があるのは事実です。しかし、本当は育ててもらったのに、「教えられた」記憶がない。そして時が流れて立場も変わると、今度は部下育成に悩み始める。この関係性は昔も今も変わっておらず、今、皆さんが指導に苦労されている部下たちは、未来の悩める上司となるかもしれません。

このことが、上司と部下という立場における、大きなギャップのように思えてならないのです。では、上司と部下のギャップとは何でしょうか？

一つ目は世代間のギャップ。「最近の若いもんは……」というあれです。育った時代環境の差であり、それこそ人類始まって以来、存在したであろうギャップです。

二つ目が経験値のギャップ。仕事を長くやっていれば経験値が高いとは一概に言えませんが、多くの場合、上司と部下の間には経験値に差があります。

そして三つ目が情報量のギャップ。つまり上司にとって部下は、常に「分かっていないやつ」だということです。特に情報量は、上司と部下では圧倒的に差があります。上司は上層部との連携が多く、会社のさまざまな情報を得ており、部下と判断基準が異なることが多いのも、この差が大きいからだと言えます（ただし上司によっては現場を知らない場合もあり、どちらが「分かっていない」のかは微妙な部分もあります）。また職種にもよりますが、上司のほうが社外の交流範囲が広いため、業界や地域といった情報を持っているケースが多いのも当然です。

何が言いたいのかと言えば、部下が「分かっていない」のは、ごく当たり前のことではありませんか？　ということなのです。

◆不幸なのは、本当に上司？

「部下がダメ」と嘆く上司が多い一方で、〝ダメな上司〟に悩む部下が多く存在することも事実です。上司が思うダメな部下は、その多くが「仕事で結果が出せない」ことを指しますが、部下が思うダメな上司は少し異なります。

経営コンサルティングでは、クライアント企業の上司（経営幹部）と部下（一般社員）の両方と接することになります。中には、スキルの高い稼ぎ頭の上司が、部下からすると最悪のダメ上司であったりするケースもあります。

ある企業の例ですが、個人の業績目標を達成する力は非常に高いのに、部下の五〜六割が退職してしまうという営業部長がいました。その部長の担当部署に異動を打診しただけで、社員が退職願を出すということさえありました。よく「名選手、名監督にあらず」と言われますが、まさに〝名社員、名上司にあらず〟。この場合、不幸なのは上司でしょうか、部下でしょうか。私は、部下が不幸だと思います。

部下は上司を選べません。上司も部下を好きなように選べませんが、少なくとも部下が異動の際には、本人に内示を出す前に人事部から打診があるでしょう。しかし、部下はどんなに嫌でも、会社を辞める以外に上司を変えることはできません。特に、限られた現有戦力で戦わなければならない中堅・中小企業は、ローテーション人事もままならず組織が固定化しやすく、同じ上司との関係が長く続くケースが多くなります。

部下には将来があります。その将来をつくるのは、もちろん彼・彼女自身であることは間違いないのですが、社会人生活において上司の影響は大きく、ひょっとすると人生をも大きく左右することになりかねません。例えば居酒屋に行くと、隣の席から「昔、上司にこんなことを言われて以来、○○が嫌になった」「あの部下だった□年間で、すっかり××ができなくなった」という会話が聞こえてきます。単なるストレス発散の愚痴かもしれませんが、一〇年、二〇年もたっているのに考え方や行動に影響を与えている。ひょっとして、あなたはそんな上司になっていないでしょうか？

この本を手に取ってくださった皆さんは、きっと部下育成に何らかのお悩みがあると思います。とはいえ、人材育成の手法や研修・セミナーのメニューは多くあるけれど、何が有効なのかさっぱり分からないという方も多いと思います。

そこで私は、冒頭のT課長を想定し、部下に悩む上司の立場で部下像を考え、もしかすると上司にも問題があるかもしれないという視点でとらえました。次章では、そもそも何が人を成長させていくのかという本質的なことを考えていきます。そしてどのように人は成長し、上司はどうすればよいのか。部下育成は、上司だけの仕事なのか。部下が育たないのは会社のせいか、あなたのせいか、それとも本人の問題なのか、という角度から考えてみたいと思います。

第3章

性格？　仕事観の違い？
それともダメ社員？

エピソード2 「自分大好き、勘違い」S君の場合

第2章でT課長を悩ませた部下の一人、S君が担当したA社は生活雑貨卸の老舗企業で、開発案件は業績管理システムでした。A社は管理職の年齢が高く、どちらかというと地味で堅実な社風です。

A社は数万点に及ぶ商品を扱っているのですが、データ管理が遅れていました。顧客との取引履歴などは紙の帳票から拾わなければならず、営業社員は顧客管理に時間を取られていました。そこで顧客とのすべての取引をデータベース化して業績管理システムを変更することになり、その案件をシステムB社が請け負ったのです。

第2章の悪夢の出来事の前に、時計の針を戻しましょう。

A社の新システムへのデータ移行もほぼ終わり、テストを繰り返すS君。しかしモチベーションは上がらず、仕事をしぶしぶこなしていました。

（ほんとにT課長は分かっていないな。あのダメ上司がリーダーじゃ、特命プロジェクトも失敗するに決まっているよ。センスもないし、上の顔色ばかり気にしている。それにしても、

やる気が出ないなあ。せっかくサーバーのデータベースを直接スマホで検索する技を勉強したのに、そういう最先端なシステムを提案できないものかな～）

そんなとき、S君はA社の若手営業社員のHさんから、こんな質問を受けました。

Hさん「今度の新システムでは、顧客別に商品分類が違っていても、横串を刺して集計できるようになるんだよね」

S君「もちろんですよ、そのために開発していますから」

Hさん「だいぶ便利にはなるね。でも……」

S君「何です？」

Hさん「ということは、パソコンとにらめっこが増えるのかなと思ってさ。ほら、うちのY部長は顧客管理が大好きだから、あれを拾えとか集計しろとかうるさくて。営業に行く時間がないんだよ」

S君「確かにY部長は細かい管理が大好きですよね」

Hさん「そんなスピード感じゃライバルに勝てないよ。この店でこれが売れてるっていう情報を得たら、すぐに在庫と納価を調べて他店で商談なんてできないかな。今だと会社に電話して調べてって頼んでも、『明日じゃダメか?』って言われるのがオチなんだよ」

S君「(何だ、そんなことか……)Hさんはスマホですか?」

Hさん「今どきスマホじゃない人なんていないよ。あっ、Y部長を除いてだけど……」

S君「だったらスマホで、過去の履歴と納価、粗利益までなら、すぐ調べられますよ」

Hさん「えっ、ほんと? それって簡単なの?」

S君「簡単ではないですが、できますよ。基本的な仕組みはすでにできていますから、枝葉を開発すればOKです。かなりレスポンス良く検索できますよ」

Hさん「それ、いいな! どこかの店で情報を得たら、すぐ検索して『いける』となったら、LINEで営業全員が共有すれば、一気にライバルを攻められるかもしれない。しかもリアルタイムだよね。それ、つくってよ!」

S君「分かりました! 任せてください」

Hさん「でも、追加料金とか掛かるのかな?」

S君「普通のエンジニアなら数週間掛かるので、数百万円の追加ってところでしょうね。でも、ご安心ください。僕なら三日もあればつくれますから、追加料金なんていりません」

Hさん「さすが！　皆に言っとくよ。楽しみだ～」

（ちょっと安請け合いだったかな？）と一瞬思ったS君でしたが……。

「あんなに期待されたら、やっぱりできませんなんて言えないよな。よし、一発やってやるか！　せっかく勉強した技も無駄にならなくて済む。頑張らなくちゃ」

——と勝手に判断し、モチベーションを上げたのでした。

一週間後、S君はすべての工程を終え、来週にはA社から引き上げる段階に来ていました。

そんなとき、再びHさんがS君の作業部屋にやって来たのです。

Hさん「開発してもらったスマホシステム、すごくいいよ。若手はみんな大喜び。Sさんに大感謝だね！」

S君「いいえ、そんな感謝だなんて。僕も皆さんに喜んでもらってうれしいです」

Hさん「ところがさ、Y部長が『それは何だ』って言うんだよ。知らせてなかったの？」

S君「これは仕様に入っていないものなので、お伝えしていません」

Hさん「そうなんだ。『オレは聞いてない、誰の指示でこうなった』とか言っていたから、何か言ってくるかもね。Y部長はいまだにガラケーを愛用している人だから、説明しても分からないね、きっと」

S君「はあ、Y部長、怒っていましたか？」

Hさん「怒っていたけど、Sさんのせいじゃないよ。こういうことを思い付かない会社が悪いんだ。でも僕と話してこうなったとはY部長に言わないでね。あとで面倒だから」

S君「大丈夫です。Hさんから言われたなんて言いません」

Hさん「怒られたらごめんね。でも皆、S君に感謝しているから。うまくやってね」

S君「はい、分かりました」

この後、システムB社のT課長がY部長に呼ばれたことは、第2章で紹介した通りです。

◆ダメ社員？　S君の仕事観

S君は〝今どき〟の若者の代表的なタイプと言えます。関心があることには前向きで、ノリが軽く、何より自分が大好き。そして、なぜか自信満々です。しかし、その自信の裏には何の経験も、根拠もないというのが最大の特徴です。

自分が好きなことに関してはよく勉強し、一生懸命に取り組みます。得意分野においては、非常に専門的で高い技術を持っています。しかし、苦手なことや嫌いなことには見向きもしない。興味がない分野については、自分のやりやすいように勝手に変えてしまうという、会社組織においては困った特性の持ち主とも言えます。

S君のモットーは「仕事は楽しく、楽しくなければ仕事じゃない」です。本人は、単に自分の好みで楽しくやれることをやりたいだけなのです。そして顧客のためにこんなに一生懸命やっているのに、上司に理解されないのは上司がダメだからと信じて疑わず、もっと自分が興味を持てる仕事をさせろ、と上司に反発しています。

デジタル世代の若手は、バーチャルで得た知識や疑似体験と現実を同じように考えてしまう傾向があります。現在は、かなり高度な知識までスマホ一台あれば検索できてしまいます。したがって、本人が未体験のことについても妙に自信満々です。とはいえ、知識を得ることと、本当に理解して応用することは、かなりレベルが違う話です。知識や疑似体験だけでは、応用レベルにまで達することはできません。当然ながら現実に取り組むとうまくいかず、いきなり挫折する、となるわけです。

また、このS君のような人材は、そりが合わない上司の下につくとモチベーションがどんどん下がり、数年で退職してしまうタイプです。そしてほとんどの上司は、たとえその人が光るものを持っていても、恐らく排除（異動または退職勧奨）する方向へ持っていくでしょう。S君のようなタイプは、思考が自己中心的なためにチームワークが取れず、周囲（同僚や先輩社員）に迷惑がられるケースが多く、「扱いにくいし、面倒見切れない」というわけです。

しかし、このような社員を使えるか否かで、企業の離職率は大きく変わると思います。何しろ若者の退職理由は、そのほとんどが「自分には合わない」、つまり、価値観が合わない、楽しくないということなのです。

◆上司と部下の大きなギャップ

皆さんのほとんどは、「人間は十人十色。十人いれば、十通りの考え方がある」ということに同意されるでしょう。しかしS君のように「仕事は楽しく。楽しくなければ仕事じゃない」という価値観をどう思われますか？

一〇年ほど前、ある企業の研修で、私がグループディスカッションをしていたときのことです。会社の問題点について話し合っていたのですが、そのうちの一人、三〇代の管理職の方が、「うちの会社は仕事が楽しくない」と言い出しました。理由を聞くと、「やって当たり前、できないやつは月給泥棒なんていう風土が昔から根付いていて、社員に悲壮感が漂っている」と言うのです。これに対して、四〇代の管理職が「仕事が楽しいなんてあり得ない。楽しいなんて言うやつは、遊び半分で仕事をしている」と反論し、激論になったことがあります。

私はこのとき、単なる世代間ギャップの問題だと思っていました。しかし最近、世界で活躍する日本を代表するアスリートたちが、「今日の試合は楽しめました」とか、「レースを楽しんできます」と言っているのを聞き、これは単に世代間によるギャップというよりも、日本人の価値観そのものが変化しているのだと感じずにはいられませんでした。

なぜかと言うと、以前はオリンピックでメダルが期待されていた日本人選手が敗れるたびに、テレビでは『プレッシャーに負けた』とアナウンサーが連呼し、顔をゆがめて悔しがる選手の姿が映し出されていたものです。「プレッシャーに負けた」という記事やニュースを見聞きしたあるお年寄りが、「プレッシャーさんていうのは、どこの国の人だい」と尋ねた逸話まであるほどです。

インタビューで、「楽しめました」なんて誰も言いませんでした。「本当に苦しかったけど、なんとかギリギリ頑張れました」とか、「皆さんの期待を裏切ってしまい、申し訳ありません」と謝罪まですることも少なくありませんでした。本当に悲壮感がたっぷりで、見ているこちらがつらくなる場面がたくさんありました。

もちろん勝負の世界ですから、今でも「負けて悔しい」というインタビューは時々目にしますが、悲壮感が昔とはまったく違います。「十年一昔」と言いますが、一〇年くらい前からスポーツも仕事も、この「楽しむ」という価値観を持った人たちが増えてきたと言ってよいと思います。

もちろん、今の若者たちも遊び半分や軽い気持ちでいるわけではなく、「精一杯楽しむ」、つまり、一生懸命やるということに変わりはないのです。

昔からスポーツにも仕事にも、あえて苦しいほうを選ぶというような価値観があります。特に五〇代以上の管理職の中には、「若いときは下積みだから、苦しくて当たり前」とか、「若いうちに楽をすると、後々、苦しむことになる」ということを主張する方は、まだ多くいらっしゃいます。

私は、「仕事を楽しむ」という考え方が間違っている、あるいは正しい、などと言うつもりはありません。この議論はどこまで行っても平行線です。ただ、「若者世代は『仕事は苦しいもの』という価値観を理解できませんよ」とだけ、皆さんにご理解いただきたいと思います。

部下であっても一緒に仕事をする以上、その人となりを理解することはコミュニケーションの基本です。善し悪しの判断は別にして、まず部下の価値観を理解することが、育成する上で重要なポイントとなるのです。

第4章

指導はしているのだから、本人の問題では？

エピソード3 「とことんマイペース」R君の場合

第2章でT課長を悩ませたもう一人の部下、R君について、皆さんはどのように思われましたか？　前述したように、R君はまじめで温厚、皆に好かれそうな人物です。しかし自分の世界（価値観）の中だけで仕事をしており、結果的に超マイペースな人間です。したがって仕事は常に遅れがち。そして一番問題なのは、自分のペースを絶対に変えようとしないことです。上司にいくら言われても、自分のやり方でしか行動しないという性格なのです。

また、R君は仕事で失敗しても「まあ、仕方がない」とすぐにあきらめ、「別に本気でやっているわけじゃないし」と心の中で言い訳をつぶやき、「本気を出せば何とかなっていた」と一人で納得するタイプでした。

T課長「R君、C商事の工数レポートは、まだできないのか？」

R君「C商事の対応に忙しくて、分析する暇がありません」

T課長「指示したことはすぐにやってくれないと困るんだよ。君のペースで会社が動いているわけじゃないんだ。今日中に提出してくれないと、私が本部長に呼ばれる羽目になる。何とかしてくれよ」

R君「分かりました、なるべく今日中に出せるようにします」

（あれを出せ、これをやれって、その指示が仕事を遅らせているのにT課長は気付いていないんだろうなあ。遅れを挽回しようとしている身にもなってほしいよ、本当に）

R君がそう心の中でつぶやいている間も、T課長はR君への追及を続けているのですが、R君にはほとんど聞こえていません。T課長が何を言っても、作業を続けながら「はい分かりました」「気を付けます」の繰り返し。ついにT課長は、これ以上何を言っても無駄とあきらめ、事務所を出て行ってしまいました。

その数日後のこと。スマホのマナーモードの震動に気付いたR君は、ディスプレーに表示された「T課長」という文字を見て、コールの震動を一〇回ほど数えた後、大きなため息をついて通話ボタンを押しました。

R君「はい、Rです」

T課長「Tです、今、大丈夫かな?」

R君「まあ、大丈夫ですが、何か？」

T課長「C商事のレポートを見たよ、何であんなに遅れているの」

R君「いろいろありまして。結果的には遅れていますが、大丈夫です」

T課長「あんなに遅れているのに大丈夫じゃないだろう。なぜすぐに報告しない？」

R君「何とかなると思いまして」

T課長「何とかじゃないだろう。このままだとプレ稼働は確実に遅れるぞ。対策は？」

R君「ですから何とか間に合わせますので、もう一週間くらい待ってください」

T課長「君の言う〝何とか〟が、何とかなったためしなんて一度もないだろう。ダメだ、ヘルプを入れるから、スケジュールを組み直してくれ」

R君「組み直すのですか？　今さら新しいメンバーを入れても、混乱するだけだと思いますけど」

T課長「それを何とかするのが君の仕事じゃないか、マンパワーしかないだろう」

R君「ですから、もう一週間くらいで取り戻しますから……」

T課長「ダメ。このレポートを見て何も手を打たなかったら、私の責任だ。明日、適任メンバーを選定して連絡するから。いいな、頼むよ」

電話が切れた後のツーツーという音を聞きながら、R君はまた大きなため息をついて、心の中でこうつぶやくのでした。

（ヘルプを受けろと言うけれど、そのほうがずっと面倒だし、やってられないよ。しかも誰がヘルプに来るか分からないし。たぶん新人だろうなあ。一から教えるなんて無理。それに、すぐ報告しろと言われても、あの細かい管理項目を説明できないよ。やっぱり、自分で何とか挽回して何事もなかったことにするしかないな）

そのとき、再びスマホが震動を始めました。「またT課長？　もう勘弁してよ」。しかし、ディスプレーには見慣れた名前が。電話は友人のX君からでした。

X君「あ～ごめん、今、忙しい？」

R君「いや、大丈夫だけど」

X君「週末の打ち合わせ、大丈夫だよね」

R君「えっ？　何だっけ」

X君「忘れたのかよ。皆でエントリー曲を決めるって、おまえが言ったんじゃないか」

R君は仲間の三人と、音声合成技術のキャラクターデザインと、そのキャラクターに歌わせる曲づくりを行っていました。もともとR君はCG（コンピュータグラフィックス）や音声合成技術に興味があり、IT業界でエンジニアを目指していたのです。しかし地元にこれといった企業がなく、R君はやむなくシステムB社に入社したのでした。

R君は、システムB社の扱う業務アプリケーションにまったく興味がわかず、仲間三人とCGや音声合成技術を扱うベンチャーを起業する夢を持っていました。そして来月、あるCGキャラクターに歌わせる曲のコンテストがあり、作品をエントリーしてみようとR君が発案し、今週末に皆で集まり打ち合わせをすることになっていたのでした。

R君「ああ、そうだ！　すっかり忘れてた、ごめん。最近、忙しくてさ」
X君「で、予定は大丈夫なの？」
R君「まあ、大丈夫……だと思う」
X君「皆にも確認しておくから、よろしく！」

いよいよ週末。R君はC商事での作業が終わると、後の対応を一番若いメンバーのG君に任せ、システムB社に帰社せず帰宅しようとしていました。

R君「今日は用事があるから早く帰るよ」
G君「あれ、珍しくデートですか?」
R君「珍しくってなんだ。違うよ。趣味の打ち合わせだよ」
G君「あの新しいボーカロイド、カッコイイっすよね。高音《たかね》クミでしたっけ?」
R君「何、変なこと言ってるんだよ。俺たちのはオリジナルだよ。じゃあ、帰るからね。何かあれば、メールしておいてくれれば週明けにやるから」
G君「分かりました、お疲れさまでした」

仲間の家に向かったR君でしたが、もう少しでたどり着くというそのとき、スマホがブーブーと震動を始めました。「メールでって言ったのに、何だよ」。電話に出ようとスマホを取り出し、ディスプレーを五秒ほど見つめたR君は、震動を続ける携帯をかばんの奥に押し込んでしまいました。「T課長」の表示があったことは、ご想像の通りです。

〈今日の打ち合わせは自分にとって外せないことなんだ。C商事のスケジュールはかなり、まずいけれど……。でもC商事の部長さんはいい人だし、きっと何も言わないで見守ってくれるに違いない。その間に取り戻せば何とかなるよ、きっと。T課長は神経質すぎる。O部長とJ本部長に詰められているのも分かるけれど、そのとばっちりをこっちに向けてもらっちゃ困るんだよな)

「とりあえず無視だな」。R君は、何事もなかったように歩き出しました。

◆R君の社内評価と上司の指導

さて、皆さんのR君に対する評価は、いかなるものでしょうか？

もちろん上司としては、顧客に迷惑が掛かるような、個人的な主張を認めるわけにはいきません。R君本人も、それが通用しないことは自覚しています。にもかかわらず、R君は自分の価値観を正そうとせず、逆に、自分の価値観の世界へ没頭していきます。結果、仕事はどんどん遅れ、前述のクレームにつながっていくのです。

当然、このような社員の評価が良くなるわけはありません。システムB社は、長年、官公庁との関係が太かったこともあってかセクショナリズムが強く、閉鎖的な組織風土の会社でした。社員は顧客よりも上（上司）ばかり見て、仕事をしています。上司から良く思われなければ、昇進の道が閉ざされてしまうという組織風土なのです。

そのような中で、R君のように上司も顧客も関係なく、自分の世界の価値観で仕事をするような人が、何かに気付いて育っていくことは考えにくく、このままシステムB社に勤め続けることは難しいのではと感じられたはずです。

一方、T課長の上司としての指導は、(上を見て仕事はしていますが)健闘していると思われます。では、これだけ指導しているのだから、あとは本人次第なので仕方がないのではないか、ということになるのでしょうか?

確かに上司の言い分としては、その通りだと思います。実際、このような社員にはどう対応すればよいのでしょうか。

◆「やればできる」と思っている若者の真実

急に変な話を始めたと思われるかもしれませんが、少しお付き合いください。

皆さんは子どものころ、「自分は本当は何かの天才で、今は平凡だけど、そのうち才能が開花して世界を飛び回るような日が来るに違いない」なんて妄想をしたことはありませんか？

なぜこんな話をするかと言うと、R君はそんな少年・少女がそのまま大人になったような人なのです。つまり、「今はこんなところでくすぶっているけど、自分の実力はこんなものではない。今に才能は開花する」。こんなふうに、自分は本気になれば素晴らしい才能を発揮すると〝本気〟で思っているのです。なぜなら、「自分はまだ本気を出していないから」。「そんな言い訳があるか！」と思われるでしょうが、このタイプが最近の若い人に増えているような気がするのは、私だけでしょうか？

別の角度で例を挙げます。近年は人手不足で採用難と言われていますが、ハローワークに行ってみると、たくさんの若い人がいることに驚かされます。

私はある知人の夫婦から、「経営コンサルタントだったら、さまざまな職業について知っているだろう。会社を辞めてからなかなか再就職しない息子にアドバイスしてほしい」と頼まれたことがあります。

実際にご子息とお会いすると、驚いたことに、仕事に就く気がないどころか毎日ハローワークに通い、真剣に求職活動をしているのです。私はてっきり、仕事をしたくないというご子息を説得するのだと思っていたのですが、まったく話が違いました。

しかしこのとき、私は何とも言えない違和感を覚えたのです。まず「なぜ、会社を辞めたの?」と質問すると、彼は「僕には、あの会社は合いません」と答えました。まあ、今どきの若者だなと思いました。

「嫌な上司がいたんだね?」と聞くと、「いいえ、とても良い方ばかりでしたが、仕事の内容が面白くなくて、本気で取り組めないのです」。どんな仕事をしたいのか思い付かないので、さまざまな職業の募集要項をハローワークで見ているとのことでした。

そこで、「労働条件が良いものを見つけて、試しにやってみると、やりたいことが出てくるかもしれないよ。まだ若いのだから、いろいろやってみてもよいのでは?」とアドバイスすると、「きっと僕にぴったりの、本気で取り組める仕事に出合えると思います。それまで待っていたほうが良いと思います」と言うのです。退職して二年もたつのに焦りがまるで見られません。

R君も、このご子息と同じようにマイペースと言いますか、自分の世界でしか活動しないタイプです。他人のアドバイスに耳を貸さず、「常に自分の世界(超マイペース)」にいて、自分のやり方を変えることができないでいます。自分の都合の良いように、自分の中で世の中を変えてしまっているというわけです。

R君タイプの場合、上司が最も困るのは、何度指示しても自分の事情でしか物事が進まないことです。これは上司に相当なストレスを掛けることになり、上司のほうが心の病になってしまうかもしれません。何しろ同じ物事を見聞きしても、見えている世界が違うのですから。皆さんの部下にも思い当たる人がいるのではないでしょうか？

私は、「今に本気を出せば……」と言う人が、本気を出したところを見たことがありません。もし本気を出して何もできなかったら、現実の世界が見えて、自分の世界観が成り立たなくなってしまうのですから、このタイプの人が本気を出すわけがないのです。

◆「こんな社員は不要」で済ませたほうがいいのか

上司としては「あいつはダメだ」の一言で済ませたほうが楽ですし、大企業なら数年面倒を見れば、人事異動で代わりが来ることもあるかもしれません。また、会社に向いていないという理由を付けて、退職勧奨する企業もきっとあるでしょう。

しかし、これは一昔前、人材が余っていた時代の考え方です。これからは人材不足の時代。特に中堅・中小企業は、現有戦力を最大化し、「人口減少」という環境変化の中で戦っていかなければなりません。

そこで私は、「良い人材を採用して育成する」という従来からの方法と、「管理職がマネジメントの基本と部下育成の手法を学び、日々のOJTを行う」という当たり前のことに加え、もう一点、提言したいのです。

「さまざまな価値観を受け入れることができる組織運営を考え、それらをマネジメント（経営）できる幹部人材と管理職を育て、人材が育ちやすい社風を醸成していく」ことです。これこそが、未来の時代に求められてくると思います。

人材（部下）が育たないのは、本人の未熟さもありますが、これは現代に限った話ではなく、いつの時代でも当たり前のことなのです。若手本人の価値観が企業風土、上司の価値観と合わないことによる、現場OJTの機能不全が非常に大きいと思います。

そもそもコミュニケーションが取れなければ、指導をしていることにはなりません。部下が育たないのも当然です。それでも「指導できている」と勘違いしている方も多く見かけますし、「鍛えなければ育たない」という重要なことを忘れている方も多いようです。

次章から、その忘れているかもしれない、人材が成長していくメカニズムについて解説していきましょう。

第5章

人材育成の七つのポイント

◆人を成長させるものは何か——負荷なくして成長なし

さて、人材の成長レベルは、どのように測るべきでしょうか？

やはり営利企業である以上、業績という結果を無視して考えることはできません。偏った成果主義のように思われるかもしれませんが、そうではありません。会社への貢献度の高い人材を高く評価することは当たり前ですね。ならば、より貢献度が高くなることを「成長」と言ってもよいのではないでしょうか。

つまり、企業人材の成長とは、言い換えれば「業績を挙げることができる能力の向上」となるわけです。能力とは、担当分野によって違いますが、開発力であったり、営業力であったり、管理力であったりします。しかし、いずれも「業績（結果）を挙げる（出す）ことができる」という枕詞が必ず付くはずです。社員の能力とは、総合的な「業績への貢献力」ということになります。

この能力をまとめると、**【図表2】**に挙げた五つとなります。いずれかの能力が向上し、結果を出して初めて、その人は「成長した」と言えるのではないでしょうか。

【図表2】業績を挙げることができる５つの能力

①意識の向上（考え方、モチベーション）

②知識の向上（情報・ノウハウ）

③技術の向上（技法・効率・ノウハウ）

④行動の向上（行動の質と量）

⑤リーダーシップの向上（人と組織を動かす力）

そして結果として業績が向上し、初めて評価されます。この五つの能力の向上をテーマとした研修は世の中にあふれており、関連書籍も書店で専門コーナーが設けられているほど数多くあります。ただ、研修を受けたり本を読んだりしただけでは、人は成長しません。研修とは、人材が成長するための「きっかけ」や「準備」にすぎないものです。

例えば、優秀な経営者の講演を聴き、自分の至らない何かに気付いたとします。よく言う「目からうろこ」ですね。しかし、その「気付き」だけで人は成長するのでしょうか。

残念ながら、そう簡単ではありません。結果（業績）を出すには、当然、この気付きをもとに自らの行動を改めたり、やり方を変えたりする必要があるのです。

また、知識（ノウハウなど）の習得を目的に研修を受けたとします。行動の質を上げるための練習（ロールプレーイングなど）もでき、本人の強み・弱みについて、第三者からアドバイスを受けたり、結果を出すための行動計画のつくり方を教わったりすることもできます。もちろん、こうした仕事を行う上で有効な知識の習得は重要ですが、それだけでは結果が出ません。これもやはり、得た知識をもとに行動を起こし、結果を出さなければ本人の成長はありません。

研修を受けるということは、意識の向上につながるきっかけとなる「気付き」を与えられることなのです。得たものをもとに本人が行動を起こし、自分の現在のレベルを乗り越えたとき、初めて成長と呼べる結果にたどり着くのです。

そのとき、本人を成長させるものは何でしょうか。それは「今までやったことのない分野にトライする」「行動を変え、今までよりも高いレベルに取り組む」といったことにより、その人に掛かってくる負荷なのです。

つまり、人を直接的に成長させるものは負荷なのです。負荷が掛かり、それを乗り越えたときに、人は成長するのです。

仕事面においては、仕事での負荷が掛からなければ、その社員の能力は向上（成長）しません。スポーツにおいて、練習で鍛えて（負荷を掛けて）成長する（向上する）ことと同じなのです。スポーツも理論を学ぶことは大切なことだと思います。しかし、どんな天才でも、トッププロの講演を聴いたり教則本を読んだりしただけで、練習せずして一流選手に育つ人はいないのではないでしょうか？

当たり前のことをたいそうな理論のように述べてきました。私はさまざまな人材育成の場で、数多くの管理職人材を見てきましたが、この本質的なことが分かっていない人があまりにも多く存在するのを目の当たりにしたため、あらためて提言しました。

タナベ経営のセミナーでは、部下育成（人材育成）の本質は、「本人のレベルよりも高いレベルの仕事を与えて、やり切らせること」と教えています。高いレベルの仕事を与えることと、その仕事を上司がフォローしてやり切らせることは、部下に少なからず負荷を掛けていることになります。

部下を育てることがうまい上司は、部下のレベルをしっかり見抜き、本人のレベルよりも少しだけ高いレベルの仕事を与えてフォローし、やり切らせます。そして成長が見えたら、また少し高いレベルの指示を与えていきます。

スポーツも仕事も、最初から高い能力を発揮する人は、よほどの天才でなければほとんど存在しません。必ず練習によって鍛えられて成長を遂げていきます。この「鍛えられる」ということが、負荷が掛かるということなのです。

しかし、勘違いしてはいけないのは、負荷と圧力は違うということです。「部下に負荷を課さなければ」という話をすると、強い圧力を掛ける人がいますが、これは、間違いなく「パワーハラスメント（パワハラ）」となってしまいます。また、最近の若手社員はそれでなくとも負荷に弱く、大きな圧力を掛けると病気になったり、退職してしまったりします。この件については、後で詳しく述べてみたいと思います。

◆環境の変化と育成方法の変化——現代の企業環境では負荷は掛からないのか

実は、現在の環境変化が、人材を育成しにくい状況へどんどん向かわせています。それには、大きく次の三点の理由があると考えられます（【図表3】）。順に見ていきましょう。

【図表3】人材を育成しにくい3つの環境変化

①情報技術（IT）の進化と企業経営への浸透

②年功序列的な組織の崩壊

③環境変化のスピード

情報技術（IT）の進化と企業経営への浸透

まず、ITの進化と浸透によるコミュニケーションの変化があります。今や隣に座っている人にも、口頭ではなくメールで連絡する時代です。

また、SNSなどのバーチャルコミュニティによる情報交換が、生活の中で常態化しています。仕事におけるSNS活用術なども広まっており、端末も進化しています。今や紙の資料を大量に持ち運んだり、資料を探すことに何日もかかったりということはありません。

一方、情報量が必要以上に多く、人間の処理能力を超えているにもかかわらず、さらにその量が増え続けているように思います。ビジネスパーソンが一日に扱う情報量は、インターネット普及前の三〇年前と比べ数十倍ともいわれています。ＩＴ技術を駆使すれば、三〇年前のビジネスパーソンと比較して扱うことのできる情報量は数百、数千倍、いや、ほぼ無限大に増えていくことでしょう。

しかし、良いことばかりではありません。このＩＴの進化によるバーチャルコミュニティーの発達は、人材育成においては一つの障害になっていると言えます。

まず、ＩＴによるコミュニティーは、仕事をブラックボックス化する傾向が否めないということです。経営者には、ワンフロアのオフィスを好む方が多いと思います。それは、ワンフロアであれば（もちろん広さにもよりますが）、座っているだけで社内の情報収集が可能だからです。バーチャルコミュニティーも、もちろんオープンにできますので、こちらからマメに見にいけば、ある程度はそこで何が行われているのか分かりますが、無意識に得られる情報というものは皆無だと言えます。

昔は、同じ部屋で仕事をしていれば、上司が部下にどんな指示をして、どんな打ち合わせをしているかということが、よほど感度の低い人でない限りは何となく把握でき、参考になる点も多かったと思います。これは私の経験でもあります。

しかし、今やモバイル環境も整い、常に情報交換し合う時代。コミュニティーに参加していないメンバーにとっては、他のメンバーの仕事は、ほぼ見えないブラックボックスです。ブラックボックス化を防ぐため、全員参加の会議などでこれを試みようとする方がいらっしゃいますが、今度は情報量が多くなり過ぎ、自分にとっての参考情報と重要情報の区別ができず、かえって混乱を来すことになるようです。

このＩＴ化による仕事のブラックボックス化は今後さらに進み、ますます人材が自ら育ちにくい環境になっていくと思われます。

年功序列的な組織の崩壊

次に年功序列的組織の崩壊があります。崩壊というより、〝廃止〟のほうが近いでしょう。企業組織は長く年功序列的な体系を取ってきましたが、時代環境の変化により、この組織体系を続けることが困難になりました。年功序列が良いか悪いかという話はここでは取り上げませんが、少子高齢化時代に入り、若手人材が不足し、年齢や勤続のみで組織を構成することができなくなったということが大きな理由です。

「より実力主義になり、良いことではないか」という意見も多いと思いますし、私も年功序列廃止、実力・成果主義推進派の一人です。しかし、これも良いことばかりではありません。

年功序列でなくなるということは、飛び級で昇進していく若手もいれば、万年ヒラ社員というベテランも存在するわけです。実力主義なのは良いのですが、新しく入ってきた若手に対し、組織を挙げて育成しようという風土に欠けることが多いように思います。

つまり、年功序列でないということは、「上司が面倒を見なくても、自立して自力で育て！」という風土につながりやすいということです。この〝自立して自力で〟という部分は、最近の若手が最も苦手とするところでもあります。人材育成の観点から考えると、実力主義の組織化では若手を育成しづらい面は大きいと思います。

環境変化のスピード

最後は、環境変化のスピードの速さです。現在、企業の中期経営計画は三年間に設定されていることが多いと思います。しかもローリング方式で、ほぼ毎年のようにこれを作成している企業も多いでしょう。これは環境の変化が速いため、三年間であっても毎年考え直さなければ変化についていけないからです。戦略が毎年変化することもあり得るわけですから、組織も戦略に従って毎年変わらざるを得ません。極端な例では、半年ごとに変わるところもあります。

現在は、このようにスピードが勝負の時代ですから、経営としては当然の対策なのですが、残念ながら、人材育成のスピードアップという対策で有効なものはあまりありません。これも持論ですが、人間の成長スピードは、昔も今も変わらないと思います。人の成長には、やはりある程度の時間を掛けなければいけないのです。ところが、経営環境は、そんなことは待ってくれず、次々に変化していきます。

つまり、企業は人材育成に掛ける時間が十分に取れなくなってきているのです。そこで、私のところにも「何とか半年くらいでこの階層をこのレベルにまで引き上げてくれ」というようなご要望が、最近多くなっているわけですが、これには残念ながら特効薬はありません。本当に大変なのですが、戦略推進をスピードアップしながら、人材育成はじっくり取り組むという何とも矛盾したことをやっていくしかないのです。

しかし、じっくり人材育成なんて、そんなことをやっている暇はないという経営者もいらっしゃいます。その場合は人材の成長は結局、本人任せになってしまい、企業の重要課題を運に任せるようなことになってしまいます。

このように、現在は人材が育ちにくい時代環境といえ、やはり育成手法や研修、ましてや管理職の育成力のみに頼るのではなく、経営的に組織・マネジメント・人事評価といった面からも人材育成に取り組む必要性があることを付け加えておきます。

環境が変化する中で、企業内の部下育成環境もさまざまな変化を続けています。例えば、一応、形式上はＯＪＴによる育成となっていても、部下にほとんど負荷の掛からないものとなっていることが多いのです。これは上司が甘いのではなく、情報技術の進化、組織の変化、そして環境の目まぐるしい変化により、結果的に部下に負荷という努力が課せられていないケースが多いためだと言えます。

まず、ＩＴによる指示や情報共有は、上司のほうが十分な知識や技術を持ち合わせていないことにより、発信のタイミングや指示の仕方で部下に趣旨が十分に伝わらないケースや、上司がＳＮＳ上などで進捗や課題を確認できていないため、情報発信・共有が形式的なものになっており、部下からしてみるとまるで意味のないケースが多いのです。

そして、そのような上司がたまたま、バーチャルでなく自分の目でその指示の結果などを確認したときに、「何をやっているのだ！」と急に怒り出します。部下からしてみると、「ＬＩＮＥで情報共有した通りなのに、何で怒られるの？」と混乱し、まったく逆効果になってしまうのです。

それから、組織の変化の中では、年功序列の崩壊により、年上の部下を持つ人が増えています。セミナーなどで部下育成をテーマにディスカッションをすると、年上の部下が扱いにくいという課題がよく出ます。

「ビジネスなのだから、年齢も性別も学歴も関係ない！」

その通りだと私も思いますが、最近の組織を見ると、五～一〇歳年上の部下なんていうのは普通であり、昔とは逆に、年下の上司が年上の部下との年代ギャップに苦しんでいることも多いのです。

これは私がさまざまなケースを見てきた上での私見ですので、そんなことはないと反論していただいて結構なのですが、年下の上司は年上の部下を本気で育成しようとは思っていない方がほとんどのようです。もちろん年齢差によりますし、上司の個性にもよりますので、皆がそうだとは言いませんが、少なくとも三〇代半ばの課長職が四〇代半ばの係長に対して、レベルアップを図るため、どのように鍛えようか（負荷を掛けようか）と考える構図は、かなり悩ましいものだとは思いませんか？

この場合、その係長は成長を期待されるどころか、放置されるケースが多いように思います。しかし経営側としては、四〇代半ばの係長は定年まで時間があり、今後のさらなる人手不足時代においては、まだまだ成長してもらわなければならないことも事実なのです。

また、人手不足と環境変化のスピードアップにより、現在の管理職は大変忙しく、部下とのコミュニケーションは移動しながらモバイルでメールのみ、という方も少なくありません。十分に部下育成に時間を取ることができなくなっています。これを「言い訳だ」と言い切ることはたやすいのですが、その対策はかなり難しく、やはり今の環境は、部下育成がしにくい、人材が成長しにくいものではないかと思います。

◆部下を育てられない上司の存在――意志の人？　実はただの勘違い上司

さてここで、四〇代後半から五〇代の管理職の皆さんには、少々、厳しい話をさせていただかなくてはなりません。もちろん、私もその一人ですので、自らも心して書いておりますが、それは「部下を育てられない上司があまりにも多い」ということです。それも、まじめで一生懸命、人生仕事一筋のような人のほうが、その傾向はより強いと思います。

原因は、「価値観の押し付け」です。本人の価値観で言えば、自分は、仕事一筋の「意志の人」。ところが若手から見ると、甚だ迷惑な「勘違い上司」ということになるのです。

私は以前から、この構図は大変不幸なことのように思えて、機会があるごとに管理職の皆さんにお話ししています。この方々は上司が高度成長期をがむしゃらに生き、根性論を語る方が多い「団塊の世代」であり、一生懸命に働けば何とかなるという指導法を多く受けてきたように思います。したがって、その方たちの部下であった、現在四〇～五〇代の管理職の皆さんは、恐らく十分な指導を受けずに自ら成長するしかなかったのです。

四〇～五〇代というと年代に幅があるので、経験された環境変化はそれぞれ違いますが、第二次オイルショックから、バブル期とバブル崩壊、そして、その後の失われた二〇年という経済激動期を乗り越えて、会社の業績基盤を築いてきた年代であることは事実です。現在も経営幹部、また管理職として会社と部下のことを考え、日々奮闘されている方々なのだと思います。

私もこの世代なので、当時の上司が悪いなどという原因他人論ではいけません。しかし、あえて客観的に見ると、前述した通り、私たちの世代が新入社員のころの上司は、とにかく他人よりも頑張れば結果は必ず出るという価値観でOJTを行っていたため、あまり細かく指導を受けたという記憶はほとんどないという方が大多数ではないでしょうか（もっとも、「気合い」はかなり入れられたと思いますが……）。

そして現在五〇代の方が、新入時代を経て独り立ちできるようになったころに、日本経済はバブル期を迎えます。このころは当然、景気が良かったので仕事はとにかく忙しく、はっきり言って誰でもあまり努力せずに業績がつくれましたし、大した指導を受けなくとも何とかなったわけです。

同時に、企業は人材育成に投資しなければならないということも盛んに言われるようになりました。余談になりますが、このころに流行した研修が、夜を徹して行われる特訓でした。また、外資系のセミナーやら、体系の整ったビジネスマン教育というものも一般的になっていき、私も当時、さまざまな高額セミナーを受講した（させられた）記憶があります。

さて、どうしてこんな話を長々としたかと言いますと、私は研修などで管理職の方々と部下育成についてディスカッションする機会が何度もありました。ディスカッション開始時は大体、部下側の問題点ばかりを話すのですが、突き詰めていくと、実は「部下の育成方法が分からない」という本音が必ずといっていいほど出てくるのです。

私なりに、それはなぜかと突き詰めていきますと、「自分は上司から十分な指導を受けたことがなく、育成方法が分からない」と感じている方が多かったのです。事実かどうかは別にして、それが現在の部下指導に大きく影響していると思われます。

そして、この「十分な指導を受けたことがない」という経験の裏返しなのかもしれませんが、現管理職の皆さんは「自分は人に頼らず、自ら成長してきた。それこそが成長というものだ」という価値観を持っている方が多いのです。

その方々にとっては、今の若手の「さて上司はどんな指導をしてくれるのだろう。自分を成長させてくれるのだろうか？」という価値観は、いかんとも受け入れ難いというわけです。

そこで現管理職の皆さんは、自らの価値観の押し付けを始めてしまうのです。「仕事なのだから、○○は当たり前だろう」「仕事のやりがいとは……」「仕事とはそんなものではない。いいかね、君」というようなお説教は、すべてこの価値観の押し付けに当たります。そして説教をすればするだけ、部下の心は上司から離れていきます。

これが先ほど述べた、上司も部下も幸せになりたいがために、一生懸命やればやるほどうまくいかないという、互いにとって大変不幸な構図になっています。

上司は、価値観を押し付けるのではなく、まず部下の価値観を理解するところから始めなければ、人材育成は始まりもしないということを、ご理解いただきたいと思います。これが私からのアドバイスです。

若手の価値観にはさまざまなものがあります。例えば、多くの若手にとって職業とは、人生を楽しむために収入を得ること。また、幸いにして興味のある分野の職業に就くことができた若手にとっては、自分の興味を追求して楽しむ。これもまた手段なのです。

なのに、「どんなことも仕事なのだから仕方がない」とか、「自分は上司に文句なんて言ったことがない」「成長したかったら指示にはオールイエスで従え」などと言っていませんか？

これこそが「価値観の押し付け」そのものなのです。

彼・彼女らの価値観を尊重して甘やかしても、育成につながるとは思えない、という声が聞こえてきそうですが、それはその通りです。価値観を理解することだけでは育成につながりません。これはスタート地点にすぎないからです。でも、コミュニケーション（意思の疎通）が取れる状態をつくるのは、部下ではなく上司の務めであると私は思います。

そして、上司であるあなた自身も、「仕事とは何か？」という仕事観をしっかり確立しておいてください。もしも、「生活のために仕方なく」とか「人は働かなくてはならないから」とか、「仕事を一生懸命することは当たり前」なんていう仕事観では、失礼ながら部下を指導することは難しいかもしれません。これでは、仕事観がしっかりしていないのは上司の側となってしまいます。

もしかすると、しっかりした仕事観を持っていない上司が、部下に仕事観らしき、自分が上司にされてきたことを押し付けているケースもあるのかもしれません。

もしそうであれば、それは過去の決して良い経験ではないことから築かれた「価値観らしきもの」でしかないなのです。自分がつらかったことや嫌いだったこと、当時は「違うな」と思ったことを、部下に押し付けてはいけないのではないでしょうか?

◆気付きと成長――セミナーだけでは人材は成長しない

しつこいようですが、「研修だけでは人材は育ちません」。研修だけしかやらないのなら、場合によってはやっても無駄ということも十分にあり得ます。これは言い方が非常に難しいのですが、「研修そのものは、人を育てない」ということなのです。

特に、どんなに内容が素晴らしい研修であっても、「一回（一日）だけで人材が成長した」という話を聞いたなら、それはウソ、もしくは勘違いだと断言してもよいでしょう。なぜなら、人間は一日という時間の単位では成長できない生き物なのですから。

そもそも人の成長とは何を指すのでしょうか。よく「研修に出て、彼・彼女は変わった」などと聞きますが、ここでの「変わった」とは、恐らく「行動が変わった」ということだと思います。そして、もう一つよく聞くのが、「元に戻った」です。これも「行動が元に（良くない状態に）戻ってしまった」ということでしょう。

では、人の成長とは、行動の変化を言うのでしょうか？

行動の変化は「取り組み・プロセス」の変化ですから、定性面での変化になります。内容によっては成長と言えなくもないですが、少なくとも一時的な変化だけでは成長とは呼べず、研修会の雰囲気に影響を受けた感受性の強い人が、感情を高ぶらせたがための行動の変化と予想できます。任侠映画を見たおとなしい人が、やくざ風の態度になって映画館から出てくるのと同じ現象です。

また、このような一時的効果を狙った、ビジネス研修としては非常に問題のある「研修」が、多く行われていたことも事実です。

一日だけでは人は成長しない。研修に即効性はないのです。企業人材の成長とは、結果を伴うものでなければならず、そして企業において結果とは「業績」であることは、先ほど申し上げた通りです。研修を受講した翌日から、業績が急上昇するということは、残念ながら考えにくいのです。

研修はまったく無駄なのか

では、研修はまったくの無駄なのか？　答えは「ノー」です。

ここが人材育成の難しいところで、社員研修に常に真剣に取り組んでいる企業と、利益が出たときだけ思い付いたように研修をする企業、またはまったく研修をやらない企業の差は歴然としています。そして、その差が本当に大きいことをコンサルティングの現場で、実際に目の当たりにしている私は、読者の皆さんにそのことを事実としてお伝えしなければならないと思います。

先ほど業績を挙げることができる五つの能力と、人材（社員）が成長するためには仕事で「負荷」を掛ける必要があることについて述べましたが、研修やセミナーは、本人が自分にとって不足していて向上させなければならない能力に「気付き」、自発的に自らに負荷を課し始める、つまり意識と行動が変わる「きっかけ」になるということなのです。

言い換えると、社員研修を体系的に考えている企業は、社員に対して何に「気付き」、どのように「行動を変えてほしいか」ということに明確な問題意識が働いており、そのメッセージを仕組みとして発していることになります。また行き当たりばったりではなく、体系的に取り組むことは、その気付きを得る機会を増やし、全社員に気付くチャンスを多く与えることにもなります。

これが、前述した「社員研修に常に真剣に取り組んでいる企業」と「利益が出たときだけ思い付いたように研修をする企業」の明確な差なのです。

「社員の意識を変える」ということ

よく「わが社の社員は意識が低くて困る」との相談を受けることがあります。このような悩みを抱えている経営者・経営幹部は、何とか社員の意識を変えようと日々、悪戦苦闘していることと思われます。

しかし人の気持ち（意識）ほど、複雑でデリケートなものはありません。人はささいなことで奮起したり、逆に傷付いたりする「感情の生き物」です。したがって、意識とは、変化しにくいものであり、変化しやすいものでもあるのです。また、意識とは力ずくでは変えられないものであることも間違いありません。

このように言うと、「打つ手などない、どうしようもない」と投げ出したくなるかもしれません。しかし、そもそも人の意識を変えるということは、基本的にこのような難解で微妙な取り組みなのではないでしょうか。

やはり何らかのきっかけで、本人がこのままではいけないと気付き、行動が変わることにより、成長を遂げていくことが理想的であり、この気付きを与えるために、さまざまな手法が展開されています。自己啓発系のセミナーは、中には問題があるものもありますが、そうではないものは、この本人の「気付き」を求めているものがほとんどです。

ほかにも、「気付き」を得るためには次のような方法があります。

①成功者（優秀な経営者、経営幹部）の講演を聴く、または自伝などを読む
②性格判定テストなどによって自己分析をする
③業績結果の分析、行動の分析を行う
④テーマディスカッションなどのグループワークで他者と意見を交わす
⑤自分よりもレベルの高い人と交流する（勉強会、会合など）

挙げれば切りがないですが、①～⑤のいずれも、これらをきっかけとして本人に何らかの気付きを促すものです。そして、気付くことで意識に変化が起こり、行動が変わったとき、その人は成長への軌道を歩み始めるわけです。

また何度も言いますが、気付いただけでは人は成長しません。その後、自らに負荷を掛ける行動が必要なのです。逆に言えば、負荷にならない程度の行動の変化であったなら、十分に成長できないということでもあります。

どのように気付きを与えるか

気付きとは、理屈ではありません。データを分析し、「こうだから君には問題がある」と言ったところで、本人の意識は変わらないことが多いと思います。

よく、「反論できないだろう。さあ、どうするんだ！」と、これでもかと理屈で部下を追い込む人がいますが、そんなことをしても部下の意識は変わらないどころか、かえって逆効果になることがほとんどです。

「議論に負けても、その人の意見は変わらない」（デール・カーネギー著『人を動かす 新装版』創元社）。実は、これは私が若いころに得た大きな気付きでした。

当時、あるＩＴ企業で管理職になったばかりだった私は、部下のふがいなさに日々、悪戦苦闘していました。そして本当に恥ずかしいのですが、まだ若く、自信過剰気味であった私は（今思えば大きな勘違いなのですが）、毎日のように部下たちを理屈で追い込み、部下が反論できないような批判を繰り返して反発を食らっていました。

そんなあるとき、上司に勧められて参加したセミナーで、「議論に負けても、その人の意見は変わらない」ということを事例を使って教えられ、後頭部をハンマーで殴られたように大きな衝撃を受けたことを今でもはっきり覚えています。当時の私は、人と議論して言い負かすことに自信があり、相手が反論できず、唇を噛むさまを見て勝ち誇ったような態度を取る、とても嫌な上司でした。

これは経営コンサルタントとして、とても恥ずかしい告白なのですが、部下に行動を変えてほしくて、何が問題なのかを毎日必死に説明して「気付いて」もらおうとしていたことは、まったくの無駄どころか逆効果だったのです。

話を戻しますと、たまたま受けたセミナーで、そのときの講師が淡々と紹介した事例に、私は衝撃を受けました。その講師の話が特別に斬新だったわけではありません。しかし、私には大きな気付きがあったのです。

恥を忍んで告白したのは、気付きとは、「こうすれば気付く」というものではなく、本人が気付くしかないということを分かっていただきたかったからです。

私はその後、どうやったら部下が動くのか、そのときに教えてもらったさまざまな手法を取り入れて指導に当たりましたが、決して「虎の巻」を得たわけではなく、悪戦苦闘の毎日でした。

しかし、その際に、今までと違った考え方で行動を変えていくということにかなり悩み、自分自身に相当な負荷が掛かったことをよく覚えています。手前みそな自慢話のようで申し訳ないのですが、振り返れば管理職としての私自身の成長期であったように思います。

このように私自身の経験でも、気付きは単なるきっかけであり、もし、当時の私に管理職としての成長があったとすれば、この悪戦苦闘の中での負荷によるものだと思います。

気付きで変わる人、変わらない人

前述の通り、気付きを促す研修では、何に気付くかは本人次第ということになります。では、気付きを与えることを目的として研修を行っても本人次第で、ほとんど無駄な努力になるのか、という疑問がわく方も多いと思います。

しかし、まずは本人が「このままではいけない」と自覚することが、自らに負荷を課すスタートとなります。その機会を与えることと、研修から入手できる情報は、知識としても有効であり、また、普段は考えもしないことを考える機会となり、決して無駄な努力にはならないと思います。

したがって、人材を育成する側の立場（企業・上司）としては、本人のためになるであろう教育研修をより多く続けて変化を促すというのが、気付きを促すきっかけである研修の本質なのです。

しかし、「目からうろこ」と気付いても、行動にそれが大きく表れる人と、何も変わらない人がいることも事実です。これは、その気付きの衝撃の強さにもよりますが、本人の性格（考え方と行動の特性）が大きく影響することもあります。例えば、無意識にその場で行動できる人もいれば、「よし、来年から頑張ろう」などと考えるマイペース人間も多いわけです。

このようなタイプには、また違う手法、つまり、動かざるを得ない、仕組みとしてのマネジメントが必要となるわけですが、これは後で取り上げてみたいと思います。

◆コーチング――「人間は嫌なことはやらない」ということの意味

研修やセミナーをきっかけとした気付きによる人材の成長をテーマに、私見を述べてきました。人の意識とは、本当に複雑でとらえにくく、その改革は困難なものだと言えます。部下の指導に日々奮闘している皆さんの悩みは本当に大きいでしょう。

そうしたときに、「社員の意識が変わる！」「やる気が出る！」などというセミナーのキャッチコピーを見ると、つい乗ってしまいそうになります。しかし先ほども少し触れたように、意識改革を掲げるセミナーには、本当の気付きとは言えない変化を、安易に「意識改革」と掲げているものが大変多いので、注意が必要です。

特に自己啓発系のセミナーは、「確かに変化は起こすけれど、それは〝勘違い〟である」ということが多いのです。長時間にわたる実習などで体力を限界近くまで消耗させ、さらに精神的にも追い込んだ上で、ちょっとしたアドバイス（ただ褒めるだけの場合もあります）をすると、ほとんどの人は何か特別な気付きを得たような気持ちになります。これは洗脳の手法であり、体力が回復して環境が変わる（通常の環境に戻る）と、とたんに意識も行動も元に戻り、「あれは何だったのか？」ということになるのです。

もちろん、タナベ経営ではそのようなセミナーは実施していません。自己啓発系セミナーのすべてがダメだと言うつもりはありませんが、そうした特性があることをよく理解いただいた上で、目的を持って活用すべきだと思います。

古くて新しい手法「OJT」

なぜ、自己啓発系セミナーの話をしたかというと、日常ではない「負荷」(日常ではない状況・環境の下での負荷)は、日常(本来の状況・環境)における成長には直接つながらないということを知ってほしかったからです。

ビジネスパーソンにとっての日常とは、もちろん日常の仕事(業務)のことです。例えば、営業担当者であれば営業、企画開発担当者であれば商品企画やブランディング、また、製造担当者であれば製造業務そのものやその改善といった、日常業務におけるレベルアップによる負荷によってのみ、社員としての会社への貢献度の向上(成長)が望めるのではないでしょうか。

私がしつこく、「どんな研修も、きっかけや気付きを与えるものでしかない」と主張するのは、それらをもとに日常の行動を変えることこそが、日常の業務においての負荷となり、本人の成長を促すからです。大事なのは日常の行動を変えることであり、研修はそのきっかけ、気付きにすぎないということは前述した通りです。つまり現場で鍛えられる(学ぶ)ことが一番であり、最も成長が望めるということです。

そして、この現場での指導（鍛え方・負荷の掛け方）の代表が、先輩社員について現場で学ぶ「ＯＪＴ」です。昔から行われており、部下育成の基本であると言ってもよいのですが、このＯＪＴはつく先輩社員によって、部下の成長スピードに大きく差が出てしまうという問題点があります。

そこで、私くらいの年代（五〇代）の人間は、恐らく先輩社員から懇切丁寧に指導を受けた記憶がないのではないかという話に戻りますが（会社にもよりますが）、当時は「仕事は見て盗め」という、いささか乱暴なＯＪＴ指導が一般的でした。

私も若手のころ、先輩に質問すると「あのとき、一緒にいて何を見ていたのだ！　ボケッとするな！」とひどく叱られたことを覚えています。さすがに今、このような指導をしている人は少ないと思いますし、このような指導をすることはパワハラです。

しかし前述した通り、現場で学ばせる（現場で負荷を掛ける）ことは最も効果的な部下育成法なのです。これは昔も今も変わらないことではないでしょうか。

コーチングの真の意味

時代の変化により、人の意識や価値観が変わってきたため、人材育成手法も変わらなければなりません。そこで一九九〇年代に米国で開発された人材育成法、コーチングが登場します。コーチングの専門家から異論が出るかもしれませんが、この手法は簡単に言うと、本人の気付きを促しながら、あるいは、すでに答えは本人の中にあるという仮説に基づき、本人のレベルに合わせて負荷を掛けていく手法です。

私の年代の人間が受けてきた、放置（ほったらかし）やパワハラ的圧力による負荷では、挫折をまねいてしまうため、本人が「受け入れやすい環境」をつくり、「理解できる言葉」で「考えさせ」、「行動の変化へと促す」ことで「自立」へ導き、気付かせて成長させる、フォロー・サポート型の育成法が適切だといえます。

コーチングとは少し異なりますが、タナベ経営が実施する「幹部候補生スクール」でも、「部下育成は、部下のＰＤＣＡ（Plan-Do-Check-Action）サイクルを、上司のＣＡＨＦ（Check-Advice-Help-Follow）でサポートすることが肝心」と教えています。これも手法は違いますが、フォロー・サポートすることで部下の自立を促し、行動を変えることによって本人へ負荷を掛けることであり、考え方は同じです。

フォロー・サポートで成長につなげるポイント

私個人の意見としては、フォロー・サポート型の育成法は、前述した気付きのみを促す研修よりも、人材育成を考える上ではるかに有効であると思います。しかし残念ながら、中小企業にはなじみにくいやり方であることも事実です。

中小企業は年功序列組織で、上司は部下より年齢が上であるケースが多くなっています。そして、私も含めてこの上司たちの年代は、いわゆる「モノカルチャー（一つの価値観）世代」であり、自分と違う考え方や価値観を受け入れることが苦手であることが多いのです（例えば「自分が若いころはこうだった」と自慢げに語る上司など）。

フォロー・サポート型の育成を行う上で、私が最も重要なポイントであると思うのは、どんな部下でもいったん、その価値観を受け入れてやることです。そうしなければ、上司の投げ掛けだけでは「考えること」に至らず、いつまでたっても自立できません。なぜなら「人は、嫌なこと、嫌いなことはやらない」、または「真剣には取り組まない」生き物なのです。自分を否定している人の言うことは（嫌いな人なので）聞く耳を持たないということです。

これにも年代差があるのですが、結果はほとんど同じだと思います。年代の特性にも諸説ありますが、例えば旧世代（四〇代以上）は「仕事なのだから仕方がない」という価値観を持っている方が多く、嫌なことでもあきらめて取り組みます。

一方、三〇代は自分の好きなことを頑張っていればよいという感性であり、基本的に嫌なことはあまりやりません。二〇代も、仕事は人生を楽しむための収入を得る手段と考えており、そもそも嫌なことをしなければならないという価値観を持っていません。

いずれも上司が業務命令として指示すれば、よほど困った社員でない限りは、取り組みはするでしょう。でも皆さん、どうでしょうか。あなたは嫌いな上司の本当に嫌な指示に対して、一生懸命に取り組むことができるでしょうか。嫌なことを無理やりやらせること、しかも真剣に取り組ませることなど、ほぼ不可能だと思うのは私だけでしょうか。

「そんなものは気合いを入れて強制的にやらせろ！」と言う上司も実在します。このような上司は、特にコーチング育成法に疑問を持ち、「コーチングという手法はやり方が甘い」「こんなものは指導遊びだ、意味がない！」などと低く評価してしまうものです。しかしこの場合、冷静に客観的に見て、先に指導を受けなければならないのは部下でなく、その上司のようです。

◆新たな課題──体調不良？　それとも重症の怠け病？

さて、企業の人材育成の場で近年増えている、新たな課題に触れてみたいと思います。この分野においては、私は専門家ではないので、あまり勝手な私見を述べるべきではないかもしれません。

しかしコンサルティングの現場においても、人材育成の現場においても、一〇年くらい前まではあまり聞かれなかったことが、非常に大きな課題として企業にのし掛かってきていることは事実です。これに触れずに人材育成は語れないと強く感じるものがありますので、あえて触れてみたいと思います。

それは、もしかすると日本全体の問題なのかもしれません。すなわち、「若手社員（特に新入社員）は年々（いろいろな意味で）弱くなっていく傾向にある」ということです。

新入社員の三年以内退職率は五〇％以上？

最近、さまざまなメディアで新入社員の退職率の高さが問題になっています。「大卒新入社員の約三割は、入社三年以内に離職する」（厚生労働省調べ）と言われています。

コンサルティング現場で私が見ている中堅・中小企業の実態としても、この直近五年間くらいは、新入社員の半数以上が三年以内に退職しているように感じます。

指導現場の声を聞くと、「課題を与えると、努力もせずに『できません』と言ってくる」「自分の理想と違うと『こんなはずではなかったので転職する』と言い出す」「少し厳しく叱ると、すぐに『辞める』と言い出す」などが代表的なものです。

また新入社員の親たちにも、この傾向があることに驚きました。それは、あるホテルチェーンの役員と打ち合わせをしているときに出た話です。新入社員の親御さんから「なぜ、うちの子だけを叱るのか！」とすごい剣幕で苦情の電話が入ったそうです。

どうやら息子さんが何度注意されても同じミスを繰り返すので、直属の上司が業を煮やし、「どうして何度も同じことを繰り返すのか？」と少し強めに注意しましたといいます。すると、その夜に親御さんから直属の上司ではなく社長宛てに電話が入り、社長が不在だったので役員が対応したそうですが、なかなか納得してもらえず、「うちの子どもは、もうおたくの会社には行かせない」と言われたそうです。

ここまでひどいケースは初めてだとおっしゃっていましたが、二～三年前から、このような親御さんからの苦情電話が時々あるといいます。

このように、厳しく指導すると（もちろんパワハラではない、真っ当な指導の範囲です）、すぐに辞めると言い出す新入社員は本当に多いそうです。私の年代だと考えられないことですが、経営コンサルタントとして私が最も憂慮しているのは、この子たちをどうやって育成するかということです。

それは前述した通り、人の成長要因の本質は「負荷が掛からなければ成長しない」という事実があるからです。

「ブラック企業」というレッテル

近年は「ブラック企業」という、もし名指しされたら企業にとって大変不名誉な名称がよく聞かれます。明確な定義はないと思いますが、「社員を酷使・選別し、使い捨てにする企業」といった意味だと思います。

この言葉はネットの就職サイトでの情報交換掲示板のようなところでもよく見かけますが、就職活動中の学生は、会社の壁にスローガンや成績グラフ（方針や業績の見える化をしていると思われる）を貼って、目標（彼・彼女らはノルマと呼ぶ）達成を推進している会社を見ただけで、「あの会社はブラック企業だ」と書き込んでいる人もいます。

法令違反を犯している本物のブラック企業なら、そう呼ばれても仕方がないと思いますが、そうではない企業にとっては甚だ迷惑なレッテルだと私は思います。また、そう呼ばれることを恐れる企業が、採用において優秀な学生が集まらなくなったり、新入社員が退職したりしないように、若手社員に気を使い、甘やかすような対応をして負荷を掛けないでいると、今度は逆にとんでもないブラック社員（学生レベルのまま成長できない社員）を育ててしまうことにもなるのです。

ブラック企業と呼ばれたくないためにブラック社員をつくってしまうとは、何とも皮肉な話だと思いませんか？　こうなると「新入社員を成長させていくことは、ほぼ不可能ではないか」というとんでもない結論に達してしまうことになるのです。

それにしても、新入社員をどのように育成すればよいのか分からないという話は、本当によく聞きます。日本の教育制度や家庭環境のせいにすることはたやすいのですが、われわれは受け入れた新入社員を育成し、自社の将来をつくっていかなければなりません。

「新型」と呼ばれる体調不良

また最も深刻と思われることに、新入社員のみではなく、三〇~四〇代の社員においても、仕事でいつもより大きな負荷が掛かると体調不良を訴え、診断書を持参して長期休暇を申請したり、それを繰り返したりする人が増えているようです。このような現象が明らかに増加傾向として表面化したのは、二〇〇〇年代に入ってからのことです。

私はドクターではないので、医学的なことは詳しく理解していませんし、また述べる立場にもないのですが、現場で聞く話を紹介すると、体調不良を訴える方たちは、自ら進んで病院へ行き、最初から「自分は病気」と自己診断しており、まず受診して診断書をもらいます。そして、その診断書を添えて会社に長期休暇願を提出し、認められると自分の好きな趣味に没頭したり、旅行したりという行動をとるらしいのです。

先日もある企業で、体調不良という理由で休暇中の社員が、趣味でやっているスポーツの大会で入賞し、社内で問題になっているという話を聞きました。一〇年以上前なら間違いなく「ろくでもないサボリ社員」と言われたことでしょう。

さらに、このような人たちは、長期休暇の期間が終わりに近づき、出社する日が迫ると再び体調不良を訴え、再度、医師から診断書をもらい、また長期休暇に入ることを繰り返すというのです。

専門医の話を聞くと、休暇が必要と診断を下された方は、本当にゆっくりと休暇を取り、医師の指導でうまく職場復帰できればよいのですが、何とか職場に戻っても、また「この部署は自分に向いていない」と異動を希望し、何度も休暇を要求し、ついには退職してしまうケースも少なくないようです。

「そんなのは『怠け病』だ。そんな困った社員は必要ない！」と思った方も多いのではないでしょうか？

民間調査機関の労務行政研究所が二〇一〇年に行った『企業のメンタルヘルス対策に関する実態調査』の結果によると、メンタル面などにより一カ月以上欠勤・休職している社員が「いる」と回答した企業は六三・五％に上っているというのです（最近はさらに増えている可能性が高いと思います）。この現象は専門家の間でも意見が割れていると聞きますが、現状、新型と言われる体調不良は社会問題視されており、労働安全衛生法の一部が改正され、職場のメンタルヘルス対策として新たにストレスチェック制度（二〇一五年十二月一日施行）が設けられたのも、このようなことが背景にあると思われます。

◆学校教育と企業教育──「ゆとり教育」が悪いのか

話題を人材育成に戻しましょう。新入社員の退職率の高さにしても、社内の体調不良者の増加にしても、やはり、「近年、社員は仕事の負荷に弱くなる傾向にある」ということを前提に、これからの社員育成を考えていかなくてはならないようです。

しかし、これはとても難しい問題であると言わざるを得ません。何しろ、負荷を掛けずに成長を促すということは、「鍛えないで鍛えろ」という矛盾をはらんでいるわけですから。少なくとも現在の幹部世代を育てた考え方や手法は、ほとんど通用しないと思ったほうがよいでしょう。これも環境適応業たる企業の使命かもしれません。

さて、負荷を掛けなければ社員は成長しないという原則を踏まえると、負荷に弱い若手をどのように育成していくかという問題は、少し大げさかもしれませんが、企業が抱える「課題ベスト3」に入るのではと私は思っています。なぜなら、「企業の将来は、短期的には財務、中・長期的には人材を見れば分かる」と言われるように、人材育成が最も難しい取り組みであるからです。

それでは、負荷を掛けないで鍛えることはできないでしょうか。言い換えると、本人には負荷と思わせないで鍛える、また、負荷ではあるが耐えられるように鍛えるという取り組みについて、触れていきたいと思います。

今どきの若手社員とは

今どきの平均的な若手社員像とは、どのようなものでしょうか。熱心に人材育成に取り組むある企業の教育担当者に聞いたのですが、それは「すぐに正解を探そうとする」「根拠のない自信がある」、しかし「すぐに挫折する」の三つなのだそうです。

特に、「すぐに正解を探そうとする」という傾向は強く、自分で考えずにすぐにスマホで検索して済ませようとする。または、すぐに落としどころ（上司や顧客が求めるであろう着地点）を探し、それ以上は考えないというものだそうです。

どちらにしても、この「考えない」ことは、本人のレベルよりも少し高いレベルの課題を与えて考えさせるというような負荷を掛けようとしても掛からない、つまり上司の意図に反して成長しないということなのです。これは高度情報化社会（高度なＩＴ化）の影響という要素が否めませんが、課題に対して自分で考えずにネット検索に答えを求める傾向は、若手だけではなく世の中全体にあるのかもしれません。

したがって、今どきの若手社員の特有の課題は、「根拠のない自信がある」と「すぐ挫折する」の二つとなります。この二つは相反するようですが、実は本質は同じであると思われます。

根拠のない自信があるのは、高度情報化社会の恩恵によって知識だけは豊富に持っているため、さも自分が経験をして得た知識のように勘違いをしているバーチャル世代の特徴と言えます。しかし、実は負荷（失敗し、努力すること）をほとんど経験したことがないから、すぐに挫折するわけです。

現在の新入社員は、いわゆる「ゆとり世代」であり、小学校のときから個人別の競争というものをさせられた経験がほとんどありません。運動会では「駆けっこ」を〝競走〟と呼ばずに「メートル走」と呼び、なぜか全員一等賞（低学年は手をつないで同時にゴールさせる学校もあったと聞きます）。学芸会の演劇では、全員に役が当たるよう主役をはじめ、同じ役を三～五人の生徒が交代で演じる。

このように競争させることを極端に避けてきたのです。もちろん、地域や教育者による格差も大きく、紹介したような事例は極端なものかもしれませんが、本書のテーマとは異なりますのでそこには触れません。

さらに高校・大学受験も「個性尊重」という方針の下、さまざまな受験方法があり、それで合格させて果たして大丈夫かと感じてしまう試験も少なくありません（大学受験はすでに改定されることが決まっていますが）。

しかし、本当の問題はこの後、つまり社会に出てからなのです。このように、競争というものをほとんど知らずに過ごしてきたゆとり世代を待ち受けているのは、ビジネス社会における厳しい競争社会だからです。

私見ですが、新入社員の退職率の高さの要因は、ビジネス社会において厳しい競争をさせられることに耐えられないこと、また、この現実が自分の思い描いていた職業の理想と大きく違っていることなどによって、思わず逃避してしまうことにあるのではないかとも考えています。

個人ではなくチームで鍛える

しかし、このような若手社員たちを鍛える方法として、ヒントはいくつかあると思われます。一つは、個人別に鍛えるのではなく「チームで鍛える」という方法です。

実は、ゆとり教育には、現在の幹部世代が子どものころには経験できなかった良い経験をさせている面があります。それは、小学校のころから課外授業として「グループワーク」をさせ、「チーム」で課題に取り組ませていることです。

個人では負荷に弱い若手も、チームになれば「仲間意識」が強く働き、耐性が強くなる。つまり、このような協同作業に慣れているのだと言えます。結果、受験競争や出世競争といった個人競争を乗り越えてきた幹部世代のように、他人を踏み台にしても目的を達成するようなことはできないけれど（悪人という意味ではなく、目的達成という結果に重きを置くという意味です）、チームで協力して最善を尽くすことができるようになっています。

この特性を利用し、新人をチームとして鍛えている企業が近年増加しています。例えば、毎年脱落者が多く出ていた新人研修も、チーム化することで脱落者が出なくなったという話は複数聞きました。ある程度、若手の層が厚い（人数が多い）企業においては、チーム制というマネジメントを検討してみることもお勧めします。

では、若手の層が薄い（人数が少ない）中小企業はどうすればよいでしょうか。若手が数名という企業ではチームを組もうにも組めない。このような中小企業において、上司と部下が共に取り組む「新しいＯＪＴ」のあり方を考えてみましょう。

若手の指導方法が分からない上司

その前に、ここでいま一度確認しておきたいのは、「ゆとり世代」とはいいますが、このような世代間ギャップを表す言葉は、いつの時代にもあるということです。「バブル入社世代」や「就職氷河期世代」という表現と同じで、そのころの新入社員が上司である自分たちと価値観が違うことを表したにすぎないわけで、今どきの「ゆとり世代」が、特別に問題を抱えているわけではないことをよくご理解いただきたいと思います。

どの世代の特徴も、時代と環境の変化による世相を反映していることは間違いありません。育った環境によって価値観が異なるため、コミュニケーション（意思疎通）が取りづらいということなのです。

したがって、「今どきの若者は……」と言うのは、上司の愚痴という結論になるのです。部下の問題とは、いつの時代も「若手の至らない点」なのです。組織における部下と上司の関係性は昔も今も変わらないと先に述べましたが、経験の少ない若手に至らない点が多いのは当たり前のことですし、時代の変化とともに、その至らない内容も変化しているのです。

以前、ある中堅企業で主任・係長職の研修会を行った際、主任・係長職としての自分たちの問題点に「部下育成ができていない」という項目が挙がりました。このような階層別の研修会では、よく出る項目です。

しかし、その次の「部下を育成できていない要因は何か?」というグループディスカッションで出てきたのは、なんと「部下へのあきらめ」というショッキングな内容だったのです。つまり、「若手の育成をあきらめているので、育っていないのは当然の結果」ということなのです。前述した世代間ギャップという視点で見ると、主任・係長は三〇代の「就職氷河期のロスジェネ(ロスト・ジェネレーション)世代」、そして部下は「ゆとり世代」です。

なぜあきらめているのか理由を聞くと、最初は「話が通じない」「すぐにあきらめる」「やる気がない」など、部下への批判だったのですが、さらに突き詰めていくと、「指導方法が分からない」「部下指導のやり方を教わったことがない」「指導している余裕がない」という理由に変わりました。

要は「指導できていない」のではなく、「指導方法が分からない」のです。また、ディスカッションでは「部下に指示は出しているので、指導方法は問題ないはずだ」という意見も出ましたが、これは指示と「指導」をはき違えているケースです。

要因として必ず挙がる「コミュニケーション不足」

このような研修会で、部下を育成できていない要因として必ずと言ってよいほど挙がるのが、「部下とのコミュニケーション不足」です。しかし考えてみると、この「コミュニケーション」こそが「指導」であり、部下育成そのものなのです。

そう考えると、「育成できていない」というよりも、「育成していない」とみたほうがよいと言えるのではないでしょうか。やはり「今どきのゆとり世代」の問題よりも、その問題を放置している上司の問題のほうが大きいようなのです。

また現場から「部下が育たないのはコミュニケーション不足」という要因が挙がるようでは、経営層も「わが社はＯＪＴを重視しているので、部下の指導は現場に任せている」などと言っている場合ではありません。組織を挙げて社員（部下）育成を仕組み化する必要があるのです。

さて、あなたは自社で行われているＯＪＴの現状を把握しているでしょうか。

時代は変わり、社員の価値観も変化しています。「仕事は見て盗め」「上司の指示にはオールイエス」といった、昔は常識であった現場のＯＪＴは、今や若手社員には理解し難く、ましてや、これから入社してくる新入社員に理解できるはずはありません。

しかし、私と同年代（五〇代）の方々は、ほぼこのような指導しか受けたことがなく、それ以外の指導方法が分からない。ということは、「若手を育てる」には、まず「上司から指導する」必要があるということになるのですが、これだけでは問題が残ります。それは、近年の経済環境が大きく変わっているということです。

現状、日本経済は回復基調にあり、大手企業は採用を大幅に増やしています。特に、デフレ経済下において新入社員の採用を極力抑えてきた企業は、すでに組織の年齢構成がいびつな状態になっており、若手人材を早急に補充しなければ今以上に事業が拡大できないどころか、組織が不活性化し、衰退へ向かうことが明白になっているからです。

「現在の管理職が育ってから採用を増やそう」などと言っていられないのです。このことが少子化と重なって、人手不足、人材不足を招いており、人材採用力の弱い中堅・中小企業にとっては、人材不足で事業拡大ができない、でも人は採れない、また採っても育てられないというトリプルパンチ状態と言えるでしょう。

「新しいＯＪＴ」のあり方

そうは言っても、やはり現場での指導（ＯＪＴ）は、人材の育成方法として有効であることに間違いありません。特に、教育の専任部門を持たないことが多い中堅・中小企業では、ＯＪＴは人材育成の要であると言えます。

そこで、このような状態にある企業にお勧めしたいのが、上司と部下を同時に育成しながら、ＯＪＴのやり方も仕組み化していく方法です。コーチングなどの現場のテクニックではなく、組織のあり方を変えていく経営手法です。ポイントは次の三点です。

①上司と部下が一緒に参加する合同研修会を行い、チームとして共有しなければならない価値判断基準をそろえる

②コミュニケーション（アドバイス・報告・フォローなど）を個人任せにせず、ルール決めし、上司と部下のコミュニケーションのレベルを向上させる

③現場での実践だけでなく、直属の上司、さらには経営陣のフォローをシステム化し、元のレベルに戻らないような環境（土壌）をつくる

このように、「直属の上司にお任せ」のＯＪＴではなく、組織化・システム化されたＯＪＴが今の時代には必要と言えるのではないでしょうか？

若手社員だけ、または上司だけを問題視するのではなく、組織を挙げてＯＪＴの仕組み化に取り組んではどうかというのが、私からの提案です。

第6章

「熱血ダメ上司」と「優秀組織人ダメ上司」

エピソード4 「熱血ダメ上司」O部長の場合

「C商事への対応はどうなっている！　どうして、君からの報告がないんだ」

T課長の直属の上司であるO部長は、たいそうお怒りのご様子です。

T課長は、新プロジェクトのリーダーではありますが、このプロジェクトは、システムB社の民間システム事業本部流通システム部に所属しています。B社は、もともと官需（官公庁の需要）に強く、社員の多くは官需向け、特に地方自治体向けのシステム要員であり、民間のシステム部隊は、官需の公共事業部よりも人数も売り上げも少なく、どちらかというと非主流派です。

五〇代前半のO部長はいわゆるバブル世代。若手のころはバブル景気に乗り、大型プロジェクトをいくつもこなしてきた人です。当時は忙しく、何日も徹夜仕事なんて当たり前。加えて、徹夜明けで顧客のゴルフコンペに行くこともざらという異常な時代でした。O部長は、自分はそんな大変な時代を乗り切ってきた自負が大変強く、「俺が担当のころは、こんなもんじゃなかった」というセリフが口癖。社内では、強気で強引、部下の言い訳を一切聞かないことで有名です。

T課長「部長、報告が遅れまして申し訳ありません。何しろ、Rのやつときたら、すべて自分のペースで仕事を進めておりまして、前回のスケジュール遅れのご指摘から、ほとんど何も手を打っていない状況でして……本日、私が先方に出向き何とか収めてまいりました」

O部長「そんなことを聞いているのではない！　どのような対策を打ったかを聞いているんだ。C商事はもともと私の担当だった先だ。最後は私が頭を下げに行かなくてはならないことが、君は分かっているのか」

T課長「申し訳ありません、その……これから担当のRとサポートメンバーを交えて打ち合わせをしまして、詳細に対策を作成し来週には目を通していただける形にいたしまして、部長からもアドバイスを……」

O部長「遅い！　君は何年この仕事をやっているんだ。クレームには即、対応が基本だろう。対策は、今、君が決めなさい」

T課長「あの〜、今と言われましても、私もすべてを詳細に把握しているわけではないので、まずはRに事情聴取いたしまして……」

O部長「君の責任なのだから、君が今、対策を立てて、明日の朝に対応するんだ。その報告を明日の夕方までに必ずしろ！　必ずだぞ、そうでないと私が明日中にJ本部長にクレームの対応報告ができない。本部長の性格は君も知っているだろう」

T課長「はあ。しかし、今すぐというのは……それでは、今晩中に対応策を練りまして、明日の朝までにはO部長にメールを入れておきます、C商事には明日必ず対応策を出し、夕方にはO部長にご報告できるようにいたしますので、何とかその対応でお願いできませんでしょうか？」

O部長「相変わらず君は慎重派だな、いや、リーダーシップが足りないんだよ。君が上司なのだから、対応策は君が決めて、あとはRにやらせればいいんだ」

T課長「申し訳ありません。現場の対応は、やはり現場によく事情を聞かなければ、最近のシステムは、私のような者の経験則では測りかねるものがありますので」

O部長「分かった、でも対策の中身は今日中に報告しなさい。何時になってもいいから。いいね」

T課長「申し訳ありません」

T課長は、心の中で大きなため息をついた。

「まったく、何て強引な人だ。今、決めろなんて、そんなむちゃくちゃな話があるか。まぁ、いつものことではあるが……。あの人に何を言っても無駄なことは前から分かっていたことだ。何とかするしかないな」

何とか気持ちを切り替えて、対応を急いで進めなければ、今度は何を言われるか分からない。T課長はもう一つため息をついてから、プロジェクトメンバーがいるフロアへの階段を駆け上がりながら携帯電話を取り出しました。メンバー全員に招集を掛けるように、C商事のサポートメンバーの中で二番目に若いK君に電話を掛けます。

T課長「C商事のスケジュール遅れの対策を練るミーティングを開く。全員集めてくれ」

K君「はい、分かりました。でも課長、もう夜の七時ですよ」

T課長「だから、どうした？」

K君「いや、もう家に帰った人が多いのではないかと思いまして」

T課長「そうだな。急がないとミーティング終了が夜中になってしまう」

ミーティングルームに入ると、R君以外のサポートメンバーはすでに着席して準備が整っていました。

K君「課長、Rさんと連絡が取れません」

T課長「携帯に電話してみたのか？」

K君「はい、何度も電話したのですが、なしのつぶてです。今日は直帰すると昼にメールがあったそうです」

T課長「どこに行ったんだ？」

K君「分かりません、Rさんはスケジュールを管理システムに入れませんから」

T課長「探してくれ！　彼がいないと話にならん、誰か心当たりはないのか？」

すると、サポートメンバーの一人であるG君が、聞こえないくらいの小さな声で「あの〜課長」と、申し訳なさそうな目でT課長のほうを見たのでした。

T課長「どうした？」

G君「Rさんですが、今日は何か趣味の打ち合わせがあるから直帰するので、用事があったらメールしておいてくれれば、明日、対応すると言っていました」

T課長「はぁ!?　緊急事態だぞ今は。趣味なんて言ってる場合か？」

G君「さぁ、僕には何をやっているのか分かりません」

T課長「とにかく、連絡をつけろ」

G君「もう、連絡を待つしかないです」

T課長「まったく、どこまで迷惑を掛ければ気が済むんだ。なんて、ダメなやつだ！」

　そう言って腕組みをし、目を閉じたT課長でした。

　それは、ほんの一瞬、二〜三秒くらいの時間でしたが、T課長の頭の中には二人の自分が浮かんでいました。明日の朝、O部長に罵倒されて固まっている自分の姿と、C商事に適当な対応策をとりあえず出して、さらに大クレームとなり放心状態で固まっている自分の姿でした。T課長にとってはどちらもリアルで、また、この光景が永遠に続くのではないかと思われるほど長くつらい一瞬でした。しかも、どちらかはこれから現実に起こることであり、今、その選択をしなければならないのです。

「分かった、今日はみんな帰っていい」

　閉じた目を静かに開き、顔を上げたT課長は、メンバーに帰宅するように指示しました。

　そして、心の中で、「どうせ、怒られるならお客さまではなく、社内という選択だな。でもO部長だからなあ、怒りが頂点に達しないようにしなければ。うまくやらないと一日中怒鳴り続けるな。まあ、それも仕方がないか……」と心の中であきらめ、自らも帰宅する準備を始めたのでした。

「まったく、相変わらずT課長は甘い！　毎回、注意しているのにどうして変わらないのだ」

机の下で膝をカタカタとゆすりながら、O部長はつぶやきました。

「部下の顔色ばかりうかがって、二言目には『現場と相談しなければ』などと正論を吐くが、結局、部下に嫌われたくないだけだ！　しかも仕事は部下に丸投げ。あれでは部下は育たない。もっと厳しく、強制的にでもやらせればいいのだ。そもそもT課長は、仕事に対する思いが足りない。中途半端なサラリーマン根性では、部下がついてくるわけがない。高い志を持って、仕事に人生をかけている姿を見せるのが上司の務めだと、なぜ分からないのだろう」

しきりにワイシャツの胸ポケットや上着のポケットのどこかに入っているたばこを探すO部長でしたが、ふと手を止めてまたつぶやきました。

「そうか、俺はたばこをやめたのだったな、今日はなんてついていない日だ……」

◆精神論で無理やりなリーダーシップ

さて、Ｏ部長のような人をどのように思われるでしょうか？　強引、根性論、古い、浪花節……さまざまなご意見があると思います。そして、こんな上司には絶対つきたくないという方と、Ｔ課長よりＯ部長の言っていることのほうが自分の価値観には近い、よく分かる、という方もいらっしゃると思います。

日ごろ、ＯＪＴの指導の中で、部下が自分の背中を見て育ってくれないと感じている方は、どちらかと言うと、Ｏ部長に共感するかもしれません。

Ｏ部長のような熱血タイプは、五〇代以上の管理職にはまだまだ多いように思います。ところが、そんなに年齢は離れていないのですが、四〇代でこのようなタイプの人は、あまりいないように思います。あくまで私の感覚なので、実態は違うのかもしれませんが、五〇代以上の世代は、育ってきた時代背景や最初についた上司が〝モーレツ社員〟であった場合が多いので、Ｏ部長のような仕事観をたたき込まれてきたのではないでしょうか？

そして、このような熱血漢上司は率先垂範で厳しい仕事をこなしていき、その姿を見せることが部下育成につながると信じている方が多く、自らどんどん突き進んでいきます。そして、ふと後ろを振り返ると部下が誰もついてきておらず、「自分の背中を見てくれない」と嘆くわけです。

つまり、このタイプは、リーダーシップが一見強く、上司像としては素晴らしいように見えるのですが、自分の価値観の押し付けを行っており、実は部下を育てることがあまり得意ではない方が多いのです。

私が若いころの上司は、そんな方ばかりでした。その背中（やっていたこと）が見えた（理解できた）のは、実はずっと後、自分が部下を持つようになってからです。指導されているそのときは、とにかく精神論を語る困った上司という認識しかなかったことをよく覚えています。

熱血漢上司は、先ほど述べたように、四〇代以下では少なくなりましたが、それでも時々、部下が自分の背中を見てくれず、育たないと嘆く管理職の方から、部下育成について相談をされます。そのときは、今の若手にそんなことを言ったら、「部長の背中を見たら何か答えが書いてあるのですか？」なんて、理解できずに不思議がられてしまいますよ、とアドバイスをしています。

次章で詳しく述べますが、どんな育成技術にもコミュニケーションが必ず伴い、そのコミュニケーションが上手ではないタイプの上司は、部下育成には向いていないということなのです。また最大の問題は、熱血漢上司の皆さんは、まさか自分がコミュニケーションが下手だなんて、みじんも思っていないということです。確かに下手なのではなく、力強く、もしかすると雄弁に「一方通行」になっていて、双方向のコミュニケーションが取れていないというのが正しい表現かもしれません。

誤解を招く表現かもしれませんが、私自身は、精神論を否定しません。若手の仕事観からすると、仕事は収入を得る手段なので楽しくやるべきで、「なんで嫌な仕事を苦しみながらやらなければならないのか？」となるのですが、当然、仕事は楽しいことばかりではありません。困難なことに向かっていくとき、また苦手意識がある仕事をやるとき、やはり「やる気」と「根性」は必要になるからです。

高いモチベーションによって仕事の生産性を上げていくこともできますし、何よりも自らに課題を設定することで自分を鍛え、成長させていくことができます。また、何事もうまくいくことのほうが少ないのが世の常です。多少の失敗や、トラブルにもへこたれない気持ちも必要ではないでしょうか？

こんなことを言ったら二〇代の方たちには、私も熱血ダメ上司の一味と思われてしまうかもしれませんが、年代的な価値観から言うと、否定できない部分もあると思います。

◆「優秀組織人ダメ上司」とは

よく、「良い上司」「悪い上司」という表現をしますが、この良い、悪いは、どこから（誰から）見た評価かという点で大きく変わってきます。

例えば、部下から見れば良い上司でも、経営者から見れば甘っちょろいダメな上司かもしれませんし、逆に経営者から見れば良い管理職も、同僚にとっては上ばかりを見て仕事をする嫌な人間で、部下から見ると、自分のことしか考えない理不尽の塊のような人に見えるかもしれません。

実際に私が見た例を紹介します。以前ご縁のあった年商七〇億円の企業です。社長に対して、良い報告ばかりする支店長がいました。社長はこの支店長をとても信頼しており、買っていました。そして、将来の役員候補として期待を掛けていたのですが、なぜかこの支店長は部下を育成できないのです。部下の退職率も大変高く、時々、役員宛に支店長の〝悪事〟

を暴いた「怪文書」が届くこともありました。もっとも、この怪文書には事実ではないことも多く書かれており、社長も頭を痛めていたのですが……。

そんなあるとき、支店メンバー全員から退職願が出るという異常事態が起きて、その支店長は責任を取る形で退職されてしまいました。支店長は役員からすると信頼のおける非常に優秀な部下なのですが、直属の部下たちからすると上ばかり見て仕事をして、理不尽な要求をする嫌な上司だったのです。

彼は、確かに少し、したたかで策士的な面はありましたが、非常に仕事熱心な方でした。その熱心さが裏目に出て、仕事をうまくやり遂げるために役員からの支援を最大限に引き出したいという意識が非常に強くなり、上には最大限に気を使い、そのつけを部下に回すという状態になってしまっていたのです。

本書の【エピソード】中に登場するT課長は、調整タイプで、両方（上司と部下）に対してうまく立ち回ろうとするものの、逆に両者からよく思われていないという管理職像を描いたものです。しかし、本来の調整能力は高いため、うまくコミュニケーションを取ることができれば、良い結果を出せる可能性が高いはずです。特に新しいプロジェクトのような試みには適しています。システムB社の社長は、セクショナリズムの強い不活性化組織を抱えた自社にとって、ハードルの高い新しい試みを始めるには、Ｔ課長のようなさまざまな要素を調整しながら事を進めていくタイプが最適と考えたのですが、部下はもっと手強かったというわけです。

ただ、この会社の本質的な問題点は、もっと視点を高くしないと見えてこないかもしれません。

それでは、システムＢ社のトップマネジメント（経営陣が行うマネジメント）をエピソードで見てみましょう。

エピソード5　あるトップマネジメントのいら立ち

「J本部長、お呼びでしょうか？」

O部長は、丁寧に役員室のドアを三回ノックして、中に入った。

J本部長は、システムB社の取締役民間システム事業本部長で、O部長よりも少し年下なのですが、この会社の一番のお得意先（官庁）から定年後に下ってくる名ばかりの役員たちを除けば、システムB社の実質ナンバー3と言ってよい人物でした。地方の中堅企業である同社の中では、ただ一人、理系ナンバーワンの某大学工学部卒。理論派でプライドも高く、社内では近寄り難い存在として恐れられています。

J本部長「遅かったね」

O部長「申し訳ありません、T課長との打ち合わせが、長引いてしまいまして」

J本部長「もう少し時間生産性を考えないと。私たちの仕事は生産性の追求が一番のポイントなんだから」

O部長「はい、気を付けます」

J本部長「最近、うちの事業部は一人当たり、一物件当たり、プログラム一本当たりの生産性が、どれを取ってもこの三年間は前年対比で一・三%から二・四%も低下し続けているのよ。部長なんだからそのあたりも考えてくれないと」

O部長「申し訳ありません」

J本部長「さて、わざわざ来てもらったのはね、その生産性低下にも影響していると思うんだけれど、うちの事業部は、この六カ月間のプログラム不良率とクレーム発生率が過去最悪の水準になっていることは、知ってる?」

O部長「はあ、クレームが多いことは分かっていますが、過去最悪とまでは、知りませんでした」

J本部長「知りませんじゃ困るね。原因はすでに分かっているんだけど、T課長のところよ。社長が若い人ばかりを集めて立ち上げた、あのプロジェクトの不良率とクレーム率は、かつてないレベルになっていることを、分かってなかったの?」

O部長「いえ、あそこの問題は大きいと思います」

J本部長「T課長のところは、あなたの管轄ですよね。どんな手を打っているの?」

O部長「先ほどもその件で、T課長と打ち合わせをしていたところです。T課長は優秀なのですが、どうも部下に甘いところがあり、部下に丸投げ状態でしたので、課長自身が対策を打てと気合いを入れたところです」

J本部長「どんな対策？」

O部長「はい、明日の朝までに私に報告が上がってくることになっています」

J本部長「あなたがさっき対策を指示して、T課長が、これから考えるということ？」

O部長「まあ、結果として、そういうことになります」

J本部長「のんきなもんだ、あきれるわ。あなたのことだから、ろくなアドバイスもせずに、どうせT課長に根性で何とかしろとか言ったんじゃないの？」

O部長「いえ、決して、そんな……」

J本部長「明日の一五時まで時間をあげるから、プログラム不良の起きるパターンの上位五つと、すべてのクレームが起きた要因分析をつくって、根本的な対策を三つ考えてきてちょうだい」

O部長「すべての要因分析、ですか？」

J本部長「そう、だから？」

O部長「いえ、分かりました、何とかします」

J本部長「何とかじゃないでしょうよ。まるで分かっていないね、あなたは……。だいたい、あのプロジェクトはどうして、うちの管轄になったのよ。ここでクレーム率を下げないと、経営会議でまた公共事業本部長から、私が嫌みを言われるの。あんな、何十年も同じことをやっているだけの年寄りに、常に新しいことへのチャレンジを続けている私が、くどくど嫌みを言われる筋合いはありません。不良率の数字だけは、あなたの責任において必ず改善してもらうからね！　毎日一七時ちょうどに改善結果を数字で報告してちょうだい。必ず結果を出してよ」

O部長「……わ、分かりました」

J本部長「それから、これ以上、クレームが起きないようにT課長任せにしないで、あなたが責任を持って管理してちょうだい。頼みましたよ」

O部長「あの、本部長……実は」

J本部長「何？　文句があるの」

O部長「いえ、何でもありません、さっそく取り掛かります」

部屋を出たO部長は、堂々と肩で風を切って歩くいつもの迫力はまるでなく、別人のような青白い顔でうつむき加減にため息をつきました。

「さて、どうしたものか……C商事から、大きなクレームがくる可能性が高いなんてとても報告できなかったな。そんなこと言ったら大変だ、あれをやれ、これをやれと言われて、さらに難しい分析をやらされ、その上、何とか率を何%下げろ！　結果を出せ！　なんてことになってしまう。それにしても、自分の部屋に一日中こもって分析ばかりしている人は現場のことなんてまったく分かっていないな。確かに分析力はすごいと思うが、数字でしか判断しないのだから。なんで現場の状況や、部下の抱えている問題点を踏まえて、手を打とうと考えないのだろうか？　うちの若手が育たないのも、上には何を言っても無駄だと思って何も考えなくなっているからだと思うのだが。まぁ、私もその一人かもな、どうせ、本部長の意向で何でも決まってしまうし、意見なんて、聞き入れてもらえないのだから……。

おまけに、部下育成は、現場の直属の上司任せときている。でも、そんなことをJ本部長に言ったら、今度は私の身が危なくなるな、とても言えない。いやいや、そんなことよりも、困ったな。分析しろと言われても、すべてのクレーム案件の事情を分かっていないし。そもそも要因分析ってどうやるんだったかな？　やっぱりT課長を呼び出して、あいつにやらせるしかないな」

O部長はそう思い立ち、お気に入りのガラケーを胸ポケットから取り出し、T課長の携帯番号が登録されている短縮ボタンを押したのですが、なぜか呼び出し音は鳴らず、「お掛けになった電話は、電波の届かないところにあるか……」という音声応答が流れました。

「何で電波の届かないところにいるんだ。やっぱり、あいつは仕事をなめているな！」

◆システムB社の社風と部下育成における課題

この【エピソード5】は、あくまで本書のテーマを分かりやすく解説するためにつくられたフィクションですが、もしかすると「これは、うちの会社のことでは？」なんて思ってしまった方もいるかもしれません。

読んでいただいてお分かりの通り、このエピソードに登場するシステムB社は、上司も部下も、顧客のことをあまり考えていません。それどころか、それぞれの階層において、現場の社員から役員まで、自分の立場を中心に考え、その立ち位置を守ろうと必死になっています。

このような状態は、システムB社よりも大規模な企業に多い「大企業病」的なことなのですが、システムB社のような中堅規模の企業というのは、大企業の悪いところと、中小企業的な課題の両面を持っている場合も多いものです。

例えば、人材不足で部門により戦力格差が顕著で協力体制をつくらなければならないにもかかわらず、セクショナリズムが強く部門間の協力が得られないという状態になっています。

もちろんすべての中堅企業に当てはまるわけではありませんが、私が見てきたケースでは、組織風土として、内向きのパワーが大きくなり、顧客よりも上（上司）を見て仕事をする社員が多く、都合の悪い情報は上（上司）に正しく伝わらない、いわゆる隠蔽体質になっていることがあります。また、中堅規模ですので、企業としての力量は質、量ともに大企業に及ばないため、内向きパワーを使う分、顧客に対するパワー、新しい試みに対するパワー、そして、人材育成に対するパワーが圧倒的に不足しがちです。また、さまざまなひずみを社内外に生じさせてしまうため、結果として顧客の利益につながらず、業績は伸び悩み、場合によっては減収減益で赤字転落となるわけです。

また、上司の顔色をうかがって仕事をする内向きパワーが優先されるため、そのひずみが理不尽な習慣となって組織の中に巣くっているケースも多く、風土としてモチベーションが上がりにくい不活性化した組織になりがちです。この状態では、退職する若手も増え、人材が育ちにくい会社になってしまう可能性が高いでしょう。

このように、会社の組織風土、社風というものは、人材が育つ、育ちにくいということに大きく影響しているのです。

この【エピソード5】を通じて、何を皆さんにお伝えしたかったのか。もちろん私が設定したフィクションではありますが、このシステムB社の若手社員、直属上司、そして幹部社員の考え方、価値観と行動から、この会社の組織風土というものを感じてもらい、人材を育成していく上で、社風がいかに大きな影響を及ぼすかということをご理解いただきたかったのです。

この第2部では、社員が育っていく上でその土壌にもなる、社風というものを解説し、人材育成との関連を探っていきたいと思います。

第７章

「ダメ社員問題」は本当に個人の特性によるものなのか

◆育つ環境によって表れる差をどのようにとらえるべきか

さて、社風の改善は、本書のテーマである人材育成を考えるというよりも、組織風土の改善という、どちらかと言うと経営の改善、経営改革に近い話になります。ただ、その前にもう少し直接的な育成技術の範囲で解説しておくことがあるので、先に述べたいと思います。

第1部では、主に若手本人の課題とその上司の課題——つまり時代環境の変化、経済環境の変化、そして、受けてきた教育などによる若手本人の問題と、同じく育ってきた環境の違いによる仕事観、価値観のギャップによってコミュニケーションが取れない、自分の価値観を一方的に押し付ける指導法しか知らない上司の問題を述べてきました。

そしてこれらが、人材育成が進まない要因であり、本書の言うところの〝ダメ社員〟を生み出していることは、これまで述べてきた通りです。

もう一つ、人材育成を妨げる問題として私が提起したいことは、会社そのものがダメ社員をつくり出しているケースはないか、ということです。

私はいつもクライアントに、人材育成（社員教育）と経営システム、つまり企業における組織運営の仕組みを切り離して考えてはいけないと提言しています。

具体的には、「研修だけやっても人材は育たない」「評価の仕組みだけつくっても社員のモチベーションは上がらない」「どんなに厳密に管理だけを行っても社員の意識は上がらず、商品やサービスの品質も上がらない」ということです。

では、どうすればよいのか。実は当たり前のことなのですが、これらをバランス良く進めることなのです。「なんだ、そんなことは分かっているよ」と皆さんおっしゃるのですが、果たして、本当にそうでしょうか？

私のこれまでの経験をもとに考えると、実にバランスの悪い企業が多いように思えます。例えば、社員教育に非常に熱心で、さまざまな研修を行っているにもかかわらず、退職率が大変高い会社があります。

ある企業の二代目経営者から、経営の相談に乗ってほしいと呼ばれたことがありました。そして、この会社を初めて訪問したとき、社員は全員、一斉に起立して「いらっしゃいませ」と一糸乱れぬあいさつをするのです。社長に「すごいですね、どんな社員教育をしているのですか？」と尋ねると、「うちは、中途入社の社員が多いのですが、先代社長のときから、入社後、受けさせる研修がほぼ決まっています。約三年間で基礎研修から経営セミナーまで、一人当たり一〇〇万円ほど掛けています」と言うのです。

ところが、課題は退職率が高いことでした。これだけ教育を受けさせても、研修を受ける期間が終了するころには、大多数が退職してしまうというのです。

先代社長のころは、「ついて来れないやつは退職もやむなし」ということで済ませていたそうなのですが、二代目社長はさすがに、これでは自社の将来が危ないと経営コンサルタントに相談されたというわけです。

社員から話を聞くと、退職者が多い理由が分かってきました。この会社では社員教育だけではなく、さまざまなことが比較的厳しく管理されており、社員は「わが社は厳しい会社」だと認識しています。

その環境の中で一生懸命に頑張っても明確な評価制度がなく、あまり報われないのだというのです。さらに調べてみると、業績に応じて全員、ほぼ一律の評価がなされていました。

この会社は社員数が一〇〇人に満たない中小企業ですので、評価制度があいまいなのはありがちなことではあります。しかし、社員の立場にしてみると、研修を受け勉強して、一生懸命に頑張るのに、それが報われず、自分よりも頑張っていない人と処遇があまり変わらないことに不満を感じ、三年もすると優秀で結果を出している社員から順に退職していくという不幸な状況にありました。

そこで、評価制度を含む人事処遇制度の全面改定となったわけです。

なぜ、このような状況になったのか。先代の社長は創業者で、まさに裸一貫のゼロからの出発であったため、共に苦労を重ねてきた社員は皆、等しくわが子のような存在であり、全員に報いてやりたいという思いが大変強かったようです。

教育熱心であったことも、社員を全員成長させてやりたいという思いからなのですが、この創業者にとっての「平等」は、社員にしてみると「不平等」だったのです。

また、あるサービス業の企業では、さまざまな指標や基準を設けて、厳しく守らせようというマネジメントを行っていました。この会社も、いくら管理してもまったくサービスの品質が上がらず、業績は低迷を続けていました。

また社員が育たず、常に人材不足という状況でした。現状を調べると、社員はほとんど何の教育も受けておらず、上司から「とにかく言う通りにやれ」という指導をされ、管理基準を下回ると「何をやっているのだ」と叱られる。

つまり、会社が何をしたいのか、この管理は何のためにやっているのかということを教えもせず、また、それらが理解できるような基本的な教育も行っていません。

社員は機械ではありませんので、基準の設定だけをして守らせようとしても、それは無理な話です。特に若手の社員には、目的の説明をしっかり行わなければならないのです。

つまり、この会社の場合は、先ほどの例とは反対に、体系的な社員教育が必要だったのです。しかし、特に接客を伴う小売業やサービス業の場合は、管理基準を定めて厳しく守らせるよりも、社員のモチベーションを上げる工夫をして、本人の裁量に任せる仕組みにしたほうが良い結果を生むことが多いと思います。製造業であれば、基準を設けて管理を厳しくすることは当然なのですが、商品が、「人間が行うサービス」の場合、本人のモチベーションそのものが品質となります。従って、経営の仕組み自体が社員の成長に大きく影響してくるのです。

入社後、育つ環境によって差が出てしまう

新卒、中途入社にかかわらず、新人というのは入社後、最初にどこへ配属されるかで成長のレベルとスピードが大きく変わります。極端な例かもしれませんが、数百人規模の大きな部門に配属されるか、上司一人、部下一人の拠点で部下となるかで、当然ながら経験することや上司から教えられることが大きく変わってきます。

たとえ、入社後の研修期間に同じ研修を受けるとしても、配属先のＯＪＴが違うわけですから、同じように成長するわけがありません。これは、皆さんもよくお分かりいただけると思います。このことが悪いので何とかしてくださいと指摘をしているのではなく、これは人事ですから、会社の事情としてやむを得ないことでもあります。

しかし、社内のキャリアにより、成長の度合いが違っているという現実に、どのように対処すればよいのかという課題への対策は、特に中堅・中小企業においては、あまり打たれていないのが現実です。対策としては、やはり体系的な研修制度を組み立てて、可能な限り配属先によるレベル格差が出ないようにすることですが、これも中堅・中小企業の規模ですと、やはりハードルが高いと思います。

そこで、人材育成、社員の成長という面で考えると、会社の仕組みとしては、「人事ローテーション」が考えられます。

社内のキャリアによって、どうしても偏るレベル格差を、定期的な異動によって緩和していくというものですが、これも会社の人数規模や業態、そして企業風土により、さまざまな問題が絡んで組織が固まってしまっている企業は多いと思います。

つまり、属人的と言われるような業態の場合、ほぼ、顧客や仕事が人（社員個人）についてしまい、異動による顧客離れが考えられるため、経営陣もローテーション人事には二の足を踏んでしまうわけです。

なかなかすぐに実施することは難しいことばかり書いてしまいましたが、管理職の皆さんに認識してほしいことは、たとえローテーション人事とまではいかなくても、部下の成長を考えると、同じ仕事を長期間させるとその部下の成長は、ある程度のところで止まってしまうということです。

ですから私は、よく管理職向けのセミナーで、「皆さんの裁量の限り、部下に何を担当させるかということは慎重に、また、計画的に考えてください」とお願いをしています。部下に何を担当させるかという権限は、管理職にとって、経営者から委譲されている最大の権限なのです。

「自分には、ほとんど権限はありません。まあ、一万円までなら自分の決裁で使えます」なんてことばかり、おっしゃる方が多いのですが、使える経費の額ではなく、人（社員）を使うことこそが最大の権限なのです。

確かに管理職の皆さんには人事権はないと思います。しかし、自分の部下に何を担当させるか、どんな仕事を任せるかということは、現場の上司に任されていることが多いはずです。

これを安易に変える、または変えないという姿勢ではいけないのです。

上司にとっては、部下に同じことを続けてもらったほうが楽です。部下の能力レベルで、大体どこまでできるか分かっていますから、安心領域となって心配しなくてよいですし、また本人も慣れた仕事をするので楽なのです。「彼に任せておけば、この程度はやってくれるだろう」ということですね。

でも、思い出してください。人材の成長には負荷を掛け、鍛えることが必要なのです。そして新しいことに臨むことほど、負荷の掛かることはないのです。

一つの部門、一人の上司しか知らないという不幸

もう一点、人事が固定化することによる弊害があります。それは、さまざまな人（上司）から指導を受けられないということです。当然、上司もさまざまですから、多くの人から異なる指導を受けたほうが部下の成長につながるという側面があります。

もちろん大企業であれば組織の固定化は考えにくいのですが、中堅・中小企業ではその人材不足と、属人的な仕事のやり方により、組織が固定化してしまうことが多いのです。

それでも、優秀な社員であれば、一つの部門、一人の上司しか知らなくても成長を続け、

管理職に登用される方も当然出てきます。業績の良い大拠点などに所属していれば、場合によっては最短で役員候補まで上がってくるかもしれません。

しかし、本当にこの方が役員に上がっていくためには、本来、もっと経験を積み、判断の幅を広げる必要があります。そして、もしも、そのまま全体を見るような立場（役員）になったとすれば、もちろん勉強されてさまざまな知識は得ているとは思いますが、実体験が少ないことは本質的に判断の幅が広がっていないことが多く、本人も苦労されるでしょう。

一番懸念されることは、この方が本書のエピソードに登場したような、仕事熱心で価値観の押し付けを行う上司であったなら、部下が育たなくなってしまうことです。現場の判断からするとピントの合っていないことを押し付けられるため、組織が不活性化し始め、顧客離れなどにより業績の低下を招くことにもなりかねないということです。

また、企業によっては、不採算な赤字部門が存在する場合もあります。このような部門の人事を固定化させることは、非常に危険です。赤字部門はやはり、風土が荒んでいる場合が多く、そこに配属されている人材も、知らず知らずのうちにそのマイナス要素に染まっていってしまいます。

赤字を放置せず、早急に改善することが先決です。その対策として、恐らくは、部門トップの交代から始めることが多いと思いますが、そのタイミングでメンバーチェンジも行う必要があります。特に、若手社員を赤字部門に長く放置していると、ほとんどの場合、成長できずに退職してしまうでしょう。

私は、ある企業で、部門の規模（売り上げ）が小さいから全体への影響は少ないという理由で、赤字部門をあえて放置しているのを見たことがあります。そして、ここには毎年のように各部門から〝ダメ社員〟が異動してくる。つまり〝島流し状態〟をつくっているのです。やはり、その部門に赴任すると、数年でほとんどの社員は退職します。

これは、企業の姿勢としていかがなものでしょうか？

◆モチベーションはあなどれない

モチベーションが高い会社とは

管理職の皆さんに、部下育成の考え方として、これまで述べてきたことのほかに、覚えておいていただきたいことがあります。それは、もし部下の仕事へのモチベーションを上げることができれば、部下育成に関するほとんどの課題は解決してしまうということです。これは、部下自身の課題を細かく注意・指導したり、仕事に必要な知識を分かりやすく説明したりすることよりも、はるかに素晴らしい効果を生みます。

会社として社員のモチベーションが非常に高い会社とは、どんな会社でしょうか？

一つは憧れのようなもので、もともと、その業種、職種に夢を持ち、学生（ときには子ども）のころからその職業に就くために頑張ってきたという社員が多い場合。それから、社員教育や運営（マネジメント）により、社員にやりがいを持たせることに成功している場合のいずれかだと思います。

こういった企業は、社員満足度が高く、組織全体が活性化しているモチベーションの高い会社であると言えます。

さまざまな企業の内部を日々見ている私は、時折、モチベーションや社員満足の高い企業と、まったく逆に、組織が不活性化しており、社員にやる気を感じない企業の両方を見て、その差に愕然とすることがあります。「ここまで違うか」というくらい、それはもうまったく違います。

言葉で表すことは難しいのですが、モチベーションの高い企業では、上司が「これをやれ！」

「あれはやったか?」などと、日々うるさく指示や注意をしなくても、社員は目的に向かって、積極的に動いていきます。モチベーションの低い会社では、上司が指示しようが、怒鳴ろうが、社員はほとんど聞いてもいません。

したがって、極論かもしれませんが、「部下のモチベーションを上げること」――これこそが究極の部下育成方法だと言ってよい、と私は思っています。

実際にある介護サービス業の経営者は、難しい管理よりも、社員が気持ちよく働ける環境をつくることこそが生産性の向上につながると考えています。社内環境の整備を重視し、見事にＥＳ（Employee Satisfaction：従業員満足）向上につなげています。

また、ある専門店チェーンの経営者は、社員のモチベーションアップこそが業績につながると考え、成績の良い社員を表彰するのではなく、顧客や同僚を一番感動させることのできた人を表彰する制度を設けています。なぜそれがモチベーションアップにつながるかと言うと、同社には女性社員が多く、接客の仕事が好きな人が多く入社します。そこで、「こんなにお客さまに喜んでいただけた」という、その感動の逸話を発表させることにより、ほかの多くの社員は「自分も頑張ろう」「自分もこんな体験ができるように頑張らなくては」と自らのモチベーションを上げていくのだそうです。

しかし、「モチベーションを上げる」と簡単に言っても、実際にどうすればよいのでしょうか？

確かに、これができればほとんどの人材育成の課題は解決する、というのは極論です。人のやる気という、何ともつかみようがないことを高める工夫をしたり、対策を立てることは、難易度の高いことかもしれません。

しかし、皆さんの会社では、例に挙げた企業のようにそれを意識して、何か工夫をしていることがありますか？　そもそも、やる気は部下自身の問題で、上司の自分には関係がないと思っていたり、また、難しい課題だとあきらめ、意識して取り組んでいなかったりする方が多いのではないか、と思うのですが……皆さんはいかがでしょう。

やる気をそぐ上司になってはいけない

私は、コンサルティングの現場で、本当にさまざまな企業の管理職の方々やその部下の皆さんを支援していますが、どこの企業でも部下のモチベーション（やる気）をそぐ上司というのは存在しているものです。

そして、興味深いのは、まったく同じメンバーで構成された組織であっても、リーダー（上司）が変われば、その組織の体質が変わっていくということです。

部下のモチベーションを上げることがうまい上司と、上げるどころかモチベーションを下げる上司とが率いた組織の違いを、分かりやすく、部下とそれぞれの上司とのコミュニケーションという一点に絞って考えてみましょう。

仮に、モチベーションを上げることができる上司を「Aタイプ」、下げる上司を「Bタイプ」と表現します。

まず、Aタイプ上司の部下たちは、積極的に上司とコミュニケーションを取りたがります。そして、上司に伝えたいこと（報告したいこと）がたくさんあります。

しかし、Bタイプ上司の部下たちは、逆に、上司に伝えたくないこと（伏せておきたいこと）がたくさんあります。結果、上司とのコミュニケーションは最低限にとどめようとして、そのうちに本来は取らなくてはいけないコミュニケーション（報告・連絡・相談）も取らなくなります。

次に、上司の違いですが、Aタイプは部下とコミュニケーションを取るときに、部下が自分に言ってほしいと思っていることを一つか二つ言ってくれますが、Bタイプは、部下が言ってほしくないことを、これでもかというくらいにたくさん言います。

【図表4】リーダーの違いによるコミュニケーションの違い

モチベーションを上げる上司(A)	○	部下の反応
・明確にポイントを絞って指示を伝える ・部下の変化に気付く、褒めてほしいことを褒める（部下が言ってほしいこと）	←→ コミュニケーションが良くなる	・上司に伝えたいこと（聞いてほしいこと）が多くある ・努力をして上司にそれを伝えようとする

モチベーションを下げる上司(B)	×	部下の反応
・部下が聞きたくないこと、言ってほしくないことを大量に部下に言う（主にお小言、パワハラに近い注意、叱責） ・部下が離れていく中で、無理にコミュニケーションを取ろうとする（悪循環）	←→ コミュニケーションが悪くなる	・上司に聞かせたくないこと、言いたくないことが多くある（言えば怒られると思っている情報は隠蔽する） ・上司と極力コミュニケーションを避ける（顔を合わせないようにする）

結果的に、Aタイプ上司の組織はコミュニケーションが良くなるので、情報の共有化も進み、方針の理解や重点の徹底が進みますが、Bタイプ上司の組織はコミュニケーションが上司から部下への一方通行となり、バラバラでモチベーションの低い、恐らくは業績の悪い組織が出来上がってしまいます（**【図表4】**）。

◆上司であるあなたへのアドバイス

さて、「Bタイプ上司」の批判的な内容になってしまったかもしれません。もしかすると自分のことを言われているのかな？　と思った方もいらっしゃるかもしれません。

次章から、人材育成における会社としての問題点、社風の改善に入っていきますが、その前に、部下を一人でも持つすべての方に、上司としてのあり方をアドバイスしたいと思います。それは、一般的な人材育成の原則論とは少し違っているかもしれませんが、私がコンサルの現場で見てきたさまざまな上司と部下の関係から思う、企業における上司のあなたに知っていてほしい、部下育成のポイント三点です。

①まずは、部下との価値観の違いを認識しよう
②部下とのコミュニケーションのあり方が育成のポイント
③管理だけでは、どうやっても部下は育たない

仕事を与えてやり切らせるには

第1部で述べたように、部下育成の基本原則は、あくまで、「部下本人のレベルよりも、少し高いレベルの目標を与え続けて、やり切らせ続ける」ということなのですが、実は、この基本原則を進めていくには、やはり、「カン、コツ、ツボ」があります。それがこの三点なのです。一点ずつ見ていきましょう。

①まずは、部下との価値観の違いを認識しよう

これも第1部で解説したように、上司と部下はいつの時代にも世代間ギャップがあります。まずは、この世代間ギャップ、特に仕事観の違いがあるということを認識しなければなりません。

多くの若手にとって、会社は収入を得る手段であって、個人を犠牲にしてまで仕事を貫こうとは思っていません。むしろ、そんな考えは間違っていると考えています。

ですから、彼・彼女らは、別に怠け心で、「仕事とプライベートは別」と言っているわけではないのです。自分たちの価値観として、仕事で個人を犠牲にするようなことは、本気で間違っていると思っているのです。反論はたくさんあると思いますが、本書では、あくまで、若手を育成するために、若手はそのような価値観を持っている人が多いと言うにとどめて、それが正しい考えか？　間違っていることか？　という議論は避けたいと思います。これは、世代の違いによる価値観の違いで、どちらが正しいかという問題ではないからです。

そして、上司であるあなたは、自分の価値観を部下に押し付けてはいけません。ただし、勘違いしないでいただきたいのは、これは若手に対して「気を使え」とか、「持ち上げろ」という意味ではありません。ただ、若手の仕事観も、一つの価値観と認めてあげてほしいと

いうことです。

個人を犠牲にしようがしまいが、企業価値を高め、業績を上げることは当たり前ですし、生産性の観点から言うと、残業や休日出勤などしないほうがいいわけです。

どのような関係性でも、もし誰かと友好関係を結ぼうと思えば、互いの価値観を認め合うことは基本だと思うのですが、上司と部下という関係は、上下関係であるということもあり、そのようにならないことが多いでしょう。しかし、上司と部下の関係、または同僚同士、親子や家族の関係などでも、私は、コミュニケーションを取る上で、互いに認め合うことが基本であると思います。伝統芸能や工芸の世界でみられる師匠と弟子なら確かに別だと思いますが、その関係が上司と部下の関係にそのまま当てはまるわけがありません。

そして、若手の価値観も一律ではありません。やはり上司は、まずは部下をよく知ることから始めて、部下の価値観、仕事観を理解し、指導する上では、それを尊重しつつ進めなければ、部下とのコミュニケーションが不十分になり、どんな指導も有効に進められないというわけです。

②部下とのコミュニケーションのあり方が育成のポイント

部下とのコミュニケーションのあり方というのは、部下を育成する上で、実は「最大のポイント」であると思います。なぜなら、どんな指示や指導、報告・連絡・相談もコミュニケーションの一つであり、そのあり方一つで、部下は、喜んだり、悲しんだり、怒ったり、場合によっては憎んだりもします。つまり、コミュニケーションのあり方で、皆さんの部下は、モチベーションが上がったり、下がったりするということです。

ですから、上司は、部下との接し方をよく考えなくてはなりません。

そして、部下がさまざまであるように、上司もさまざまですから、コミュニケーションが得意な方、苦手な方、それぞれいらっしゃると思います。しかしここでは、得意だと思っている方も要注意であることを告げなくてはなりません。もしかすると、あなたの得意なコミュニケーション術は、部下のモチベーションを思い切り下げているかもしれません。それから、苦手だと思っているあなたのコミュニケーションですが、もしかすると、それによって部下からの信頼を得ているかもしれません。つまり、私が言いたいのは、あなたが思う、得意、苦手は問題ではなく、部下に与える影響がどうであるかが肝心だということです。

そして、最近はコミュニケーションを取る方法もさまざまあって、これもＴＰＯ（時・

Time、所：Place、場合：Occasion）により、使い分けが必要なのだということも認識しなくてはなりません。私の世代だと、上司と部下のコミュニケーションと言えば、とにかくよく「飲みニケーション」をした（させられた？）ものです。これは、上司も私も好きでやっていたわけではなく、当時はバブル期で、それが、会社における普通のコミュニケーションだったからなのです。

しかし今は、スマホ、Eメール、SNSなどITのコミュニケーションツールも多く、これらをフルに使いこなしている上司は、恐らく少数派でしょう。そして、それぞれのコミュニケーションには、それぞれルール的なものがあって、とても、おじさんにはついて行けそうにありません。

もちろん使えるに越したことはありませんが、すべてを完璧に使いこなす必要はないと思います。

そして、いずれの方法にしても、部下育成という面から見ると、やはり良いコミュニケーションと、悪いコミュニケーションがあります。

部下育成としてのコミュニケーションは、どんな場合や方法でも、その部下を生かそうと思うのであれば、やはりモチベーションを下げるようなコミュニケーションは避けるべきだといえます。

避けるべきコミュニケーションとは、どういったものなのでしょうか。

上司の性格によってもこれらのことは変わってくるのですが、平均して考えると**【図表5】**のようなものになると思います。

見ていただいてお分かりのように、良いコミュニケーションのほうは、上司としてごく普通のコミュニケーションであり、特別な技術ではありません。一方、避けるべきコミュニケーションのほうは「自分は、こんなことしないよ」と思われることばかりかもしれませんが、このようなコミュニケーションを部下と無意識に取っている方を実際に多く見かけます。

そこで、無意識に悪いコミュニケーションを取らないためのポイントを解説していきたいと思います。部下のやる気をそぐ上司にはならないようにしましょう。

悪いコミュニケーションのレベルを分けたのは、「常識として、こんなことは当たり前だが、やってはいけない」というレベルのものから、「意識しなければ、ついやってしまう」ようなレベルのこともあり、ひとくくりにしてしまうと、「気を付けましょう」で終わってしまうからです。

【図表5】部下育成から見たコミュニケーションのポイント

部下育成上、避けるべきコミュニケーション	部下育成上、良いコミュニケーション
【論外レベル】 ・怒鳴る、罵倒する（パワハラです） ・部下を傷つける発言（嫌み・中傷） ・休日、深夜などのコミュニケーションを強要する（飲みニケーションを含む） **【危険信号レベル】** ・頻度が多すぎる、説教ばかりする ・一方的にしゃべる（一方通行） ・理詰めで追い込む、つめる ・なぜだ、どうしてだ、の連発 **【要注意レベル】** ・部下を試すような質問（圧迫面接） ・威圧的と思われるような態度を取る ・ネガティブな言い方で終わる	・感情的にならず、明るく穏やかに ・要点を明確・簡潔に指示する（短く） ・指導は、なるべく明るいところで行う ・部下の言葉を遮らず、言い訳は最後まで聞く ・部下に関する（成績や個人のこと）変化を見逃さない ・良いことは褒め、悪いことは指導する ・最後はポジティブな言い方で終わる

しかも、恐ろしいことに、どのレベルも結果として、同じく部下のモチベーションを下げていくということです。

まず、**【論外レベル】**は解説不要ですね。パワハラ上司になってはいけません。自分がかつての上司にこのようにされたからといって、同じような指導をしてはいけないというのは、繰り返しお伝えしている通りです。

さて、問題は**【危険信号レベル】**から。ここのポイントはまず、コミュニケーションの取り方です。

報連相（ホウレンソウ）は、毎日の基本です。報告が終わって初めて、仕事が終わるというのは、仕事のイロハであり、私もセミナーなどでそう教えています。

とはいえ、緊急事態でもないのに、過剰に報告することを求めたり、報告や相談時に長時間にわたって説教をしたりということは、やはり避けるべきでしょう。事故・クレームなど業務上の緊急事態であれば、ここでの対象外としますが、やはり部下を育成するためには、部下が負荷を乗り越えるために、そのモチベーションを上げていかなくてはなりません。この過剰頻度や説教のみのコミュニケーションにはマイナスの面しかありません。

熱心に指導すれば指導するほど部下の気持ちは離れ、モチベーションは下がり、成績も下がる一方となります。そこで熱心な上司は、さらなる熱血指導に乗り出すのですが、もうお分かりですね——逆効果以外のなにものでもないわけです。これは、まじめで責任感の強い上司が陥りやすい悪循環です。

もう一点、このレベルでのポイントは、「なぜだ、どうしてだ」と部下を追い込まないことです。

例えとして、適切ではないかもしれませんが、幼い子どもがいたずらをして、親に叱られるとき、〝どうして、こんなことをしたのだ〟と言われることが最も嫌なのだそうです。それは、いたずらに理由などないからです。

部下の失敗も同じで、悪意でやらない限り（そういう不祥事もあるようですが）理由なんてありません。もちろん顛末の聞き取りはしなければなりませんが、何度も、何度も、「なぜ失敗した！」「どうしてだ！」と問い詰めると、若手でなくても「やってしまったものは仕方がないでしょう！」と開き直ってしまいます。これで、やる気が高まるはずはありません。

さて、いよいよ**【要注意レベル】**です。

一つずつ解説しますと、まず、「部下を試すような質問をする」。皆さんは、〝圧迫面接〟というものを知っていますか？　人事担当の方ならお分かりのはずですが、採用面接をするときに、わざと答えに困るような質問をして、面接者のストレス耐久度などを試すというものです。あまりに新人の退職が相次ぐので、耐久性の高い社員を採ろうと誰かが始めたものだそうです。

賛否はあると思いますが、私はいかがなものかと思います。採用する企業が「せめて、辞めない人を採ろう」という発想をすること自体が、「わが社は、組織風土が荒んでおり、社員を育成できないもので、多少のことがあっても耐えられる人をお願いします」と言っているようなものです。

なんとも困ったやり方だと思いますし、それに人権侵害に近い質問例も数多く報告されています。そもそも、まだ、入社してもいない学生が相手です。

これと同じような発想で、部下に圧迫面接的なことを仕掛ける上司がいます。これも、先ほどの圧迫面接と同じでいかがなものかと思います。たとえ、反応を見て部下の本性が分かり、この人はこういう性格だったのかと理解できたとしても、時すでに遅しです。もう二度とその部下との信頼関係を取り戻すことはできないかもしれません。いいえ、たぶん、できないでしょう。

次に、「腕組み」に代表される、ついやってしまう「威圧的に見える態度」です。

腕組みは、癖だという方もいますし、つい舌打ちしてしまう方も威圧しようとしているわけではなく、悪気はないと思いますが、受け取る側はそう思わないケースがほとんどと言ってよいでしょう。

何しろ、部下は上司の顔色を見れば、三秒で機嫌を見抜くと言われるように、「A君、ちょっといいかな?」と、思い切り腕組みをして呼んでごらんなさい。腕組みは「否定のポーズ」ですから、部下は、心理的に威圧されるわけです。恐らく、上司のその姿を見て、たいそう身構えてやってきます。部下の性格にもよりますが、「その場は、何を言われてもさっさと切り抜けてやろう」などと、最初から指導を受ける気持ちになっていないことも考えられます。そして、終わったと同時に「やれやれ、説教も終わったから帰ろう」などと思うのです。つまり、部下はモチベーションが下がっているわけです。

最後に「ネガティブな言い方」。これは比較的分かりやすいと思いますが、やっかいなのは、ついつい言ってしまうということです。

「現場では、ポジティブな語尾を使いなさい」

これは、私自身が伸び悩んでいたときに、当時の上司に教わったことです。以来、私はコンサルティングの現場で、そのことを守っています（守っているつもりです）。

どういうことかというと、「やらなければならない」とネガティブな語尾（〜ねばならない）を使うと、どうしても人は反発したくなる。つまり、「そんなことといったって……」と反論を招くのです。

逆に、「〜していきましょう！」とポジティブな語尾で言うと、ほとんどの場合、たとえ反論があっても「まあ、そうですね」となるわけです。

これは、部下に対しても、また、自分自身に対しても同じことが言えます。「〜しなければならない」「ああ、もうできない！」など、何かとネガティブな語尾で発想する（考えてしまう）人は、自分で自分のモチベーションを下げてしまっています。そしてネガティブな語尾で指示をすると、部下にもこれを伝染させてしまいます。
性格的にネガティブな方は意識して、ポジティブな語尾を練習してみてください。

③管理だけでは、どうやっても部下は育たない

三つ目は、部下の管理の仕方についてです。異論が出るかもしれませんが、部下は、いくら管理しても、それだけでは育ちません。もちろん管理職にとって部下の管理は仕事ですし、業績先行管理、行動管理など、必要な管理もたくさんあります。

しかし、ここで私が言いたいのは、管理だけでは部下のモチベーションは上がらないということです。

特に、几帳面で責任感の強い上司は、事細かに管理をし、部下にたくさんの小言を言いたくなるでしょう。部下育成の視点で考えると、部下のモチベーションを上げるためには、たとえさまざまな至らない点に気が付いていても、言いたいことの半分くらいにしておくのも手です。「部下には片目をつぶれ」。これも、私が管理職になったときに当時の上司から教わったことです。しかし、これはなかなか守ることが難しく、私もつい、うるさい小言を言ってしまっているかもしれません。

もちろん、コンプライアンスに触れることや、顧客に迷惑を掛けるようなことに目をつぶってはいけませんが、上司が目に入ることをすべて言ってしまうと、部下はモチベーションが上がらないどころか、なかなか立ち直れないかもしれません。

そんなことが毎日続けば、部下は成長どころではなく、ただ耐えているだけ（もしかすると免疫ができて何も感じていない）か、または退職してしまうかのどちらかでしょう。

最後は、アドバイスというよりも私から皆さんへのお小言のようになってしまいましたが、「本書を読んで、モチベーションが下がりました」なんて言わないでくださいね。

さて、次章からは、人材が育つ土壌とも言うべき社風について触れていきたいと思います。

第８章

実は、良くも悪くも社風が人材を育てている

◆社風とは何か

良い社風、悪い社風

皆さんは、「あの会社は良い社風だね」とか、「あの会社は社風が悪いね」などと、誰かと話をされたことはないでしょうか？

また、「社風が良いから、あの会社は強いよね」とか、「あの会社は人を大事にする社風だなあ」などという会話も時折、耳にされるのではないでしょうか？

さて、この社風というものは、細かく分析すると実に多面的な要素があるのですが、通常は先ほど例に挙げた通り、「あそこは厳しい会社だ」とか「のんびりしている会社だ」、または「しっかりしている会社」「だらしない会社」など、一言で言い表してしまうことが多いと思います。

この表現は、その会社（組織）の特性を表しており、人間で言えば「行動的」「内向的」といった性格と同じ意味なのです。企業は法人と呼ばれ、人のような扱いをされますが、社風はまさに企業の性格・人柄であると言えるのです。

また、社員にとっては、企業の性格は仕事をする上での環境特性となり、前述したように、タイプはそれぞれ違いますが、いわゆる「人材が育つ良い社風」の企業は、社員がパワーを発揮してどんどん育ちます。逆に「人が育たない悪い社風」であれば、「あの会社に三年もいれば、どんな人でもやる気をなくす」ことになりかねません。

社風が社員の考え方の基準となる

タナベ経営でも、多くの企業から管理職の方々を派遣いただき、研修を実施する募集型のセミナーを開催していますが、本当にさまざまな業種、業態、また企業規模も違う皆さんにお集まりいただきます。そして、そこで出会う受講生の方々を見ていると、それぞれ考え方の背景になる自社の社風が面白いほど表れていることが多いのです。

あるセミナーに継続して毎年、数名単位でご参加をいただいているいくつかの企業を見ると、社員は性格やタイプは毎回それぞれ違うのですが、考え方（価値判断）に関しては不思議なほど同じなことが多いのです。

例えばセミナーで、ディスカッションの課題として、赤字企業に対する対策のケーススタディー（事例研究）を行うと、管理が厳しい社風の企業の方は、大胆なコストカットを対策に挙げることが多いのです。逆に、営業力が強く管理よりも販売優先という社風の企業の方は、販促の強化や営業社員の増強による売り上げ増で赤字解消を図る、といった拡大策を主張します。

つまり、社風すなわち企業風土が社員の価値判断のバックボーンとなり、このような違いが生まれているのだと思われます。これは、社員が育つ背景にある、「社風」という文化の影響がいかに大きいかということを表しているのではないでしょうか？

私は、受講生の考え方の違い、社風の違いが議論される様子をいつも興味深く見ていますが、「そもそも社風とは何だろうか？」と考えることがしばしばあります。

どの企業も決して、たまたまそういう社風になったわけではなく、良くも悪くも、これまでの経営の結果として出来上がったものだと思うのですが、では、何がこのような社風を醸成したのでしょうか？

◆長年勤めると、こんな考えになる——社風の影響の怖さ

営業が社内で一番偉い？　D社の事例

「社風」が原因と思われる悪い事例を一つご紹介します。とても根の深い事例です。

D社は年商五〇億円の商社で、毎年安定して五％程度の経常利益率を出す、地域の業界では中堅クラスの企業です。D社の社風は商人気質そのもので、全員がそれぞれ独立して商店経営を行っているような雰囲気なのです。したがって、社内では営業部門が非常に強く、管理部門や業務部門は営業の言いなりという状態でした。

それでも業績は順調に伸びていたのですが、あるとき、大きな不祥事を起こし、顧客や仕入れ先に対する信頼を大きく失墜させてしまいました。当時の営業課長が、売掛管理や仕入れを担当する部門が営業の言いなりであるのをいいことに、横領事件を起こしてしまったのです。当然、営業課長は懲戒解雇となり、事件の真相解明が図られることになったのですが、その調査は困難を極めました。

なにせ、個々の営業社員が何をやっているのかを上司や関連部門がまったく把握しておらず、電算上も容易にデータ改ざんが可能なシステムであったため、記録もまるで残っていなかったのです。何が、このようなことを招いたのでしょうか?

もちろん、事件を起こした本人が最も悪いのは明白ですが、その背景には営業社員個人の裁量が大きすぎるという社風があったと思います。顧客が求めているという理由のみで、決裁手続きなしでほぼ何でもできてしまう。ちょっと嫌みな表現ではありますが、私の印象そのままにこの会社の社風を表現すると「顧客優先、顧客対応している営業が社内で一番偉い」というものだったのです。

この会社の創業者は、創業時に「顧客第一」を掲げ、とにかく顧客の要望を実現することを社員に強く推奨してきました。それがいつの間にか、営業社員は顧客の要望で動く「偉い人」といった間違った風土に変貌してしまったのです。大きな要因として挙げられるのが、その創業者は、自分のワンマン経営で業績が伸び悩み始めたころ、ある大手企業からの条件の良いM&A話に乗り、いきなり社員ごと会社を売却してしまったことです。

その後のD社は、大手企業からの潤沢な資金を得て、創業者の教えの真の意味するところが忘れられてしまったと思われます。この後も「顧客第一、顧客対応している営業が社内で一番偉い」といった社風で伸び続けました。

経営を引き受けた大手企業から、管理人材が役員として派遣されてきました。この出向役員はD社の営業社員のやりたい放題の様子を見て、基準、ルールを整備し、管理を強化しなければならないことはよく分かっていました。しかし、営業幹部らがその方針に反発して退職してしまうことを恐れ、彼らの言いなりになってしまったのです。

少し極端な事例かもしれませんが、不祥事が起きた当時、親会社からの出向者以外の全社員が納品もしていないのに顧客の都合で売り上げを計上してしまうとか、仕入れたものを在庫計上しないというD社の慣習を当然の処置と信じて疑いませんでした。

D社はこの地方ではそこそこの規模の企業でしたし、給与水準も業界他社よりも高いため、新卒者からは人気があり、毎年新卒を中心に採用をしていました。また、退職者も少ないため、ほぼ全社員がプロパー社員であり、彼・彼女らにとっては入社当初からこれらのことが当然のごとく行われているわけですから、この社風にすっかり染まっていたのです。

このような間違った方向で営業が強い社風や、ルールや基準を好まない社風改善の対策としては、単に「管理強化」を言うだけでは社員がついてきません。その会社が歩んできた歴史を知らなければ、その要因の本質には至らないケースが多いのです。D社のケースでは、この社風をつくったのは、「創業者の教え」が正しく受け継がれなかった点が大きな間違いでした。真の経営理念や自社の存在価値といったところから社員を再教育し、現在の誤った考え方を修正しない限り、誰も正しい方向には向かないのです。

ノープレー・ノーエラーの「事なかれ」な社風

さて、社風と社員の育ち方をもっとよくご理解いただくために、もう一社、また違った社風の事例をご紹介したいと思います。

私がコンサルティングの現場で、ある会社の社員と交わした会話です。

私「どうしてこんなにクレームが多いのですか?」

社員「実は、業績が厳しかったときに前任の工場長が極端なコストダウンを行いまして、製品の品質が落ちてしまったのです。こんなことをやってはいけないと皆が思っていたのですが、前任の工場長はワンマンな人でしたので」

私「もう前任の工場長は定年退職したことですし、なぜ皆で改善を提案しないのですか?」

社員「それは私の役割ではないと思います。今の工場長が考えることだと思いますが」

私「しかし、現職の工場長は管理畑出身なので、技術的なことは皆さんのほうがよく分かっているのではないですか？」

社員「確かにそうですが、余計なことを言って、今の工場長の立場を悪くしてもいけませんし、また、技術に詳しくない人を工場長にしたのは会社の判断ですから、私が余計なことを言ってはいけないと思います」

このように「事を荒立てたくない」「余計なことを言わない」「自分の役割、責任ではない」という、「事なかれ」の社風を時々目にします。まさに「ノープレー・ノーエラー」（何もしなければ、失敗はないという意味）で、できるだけ人よりも前に出ないように、人と違うことをしないようにして、平穏無事に毎日を過ごすというものです。

よく言われる「お役所」体質的な社風ですが、実は「お役所」や「お役所的な大企業」だけがこのような体質になるとは限らないのです。

E社は年商三〇億円の製造業。社員は契約社員やパート社員を含めて約二五〇人と、代表的な地方の中小企業です。E社の最大の課題は、上昇する原材料価格に対応するため、生産性を向上させることでした。そこで、生産性向上プロジェクトや原価低減のための「カイゼン委員会」を立ち上げ、大手メーカーの退職者の指導なども受けながら数年間にわたって活動を続けたのですが、一向に生産性は上がらず、逆に原価率は上がり続けました。

このような状況下で、プロジェクトとは違う目的で、E社の管理職数人にインタビューする機会がありました。冒頭の会話はこの時のものです。

数名の中堅社員は自部門の問題点をよく把握しており、その要因もだいたい分かっているようでした。しかし、自らはまったく改善のために動かず、インタビュー時もなかなか問題点について話してもらえなかったことを覚えています。

そこから見えてきた体質は、次のようなものでした。

①事実をその通りに報告しない
②問題を隠蔽する
③リーダーシップを取りたがらない
④他人の足を引っ張る
⑤原因他人論で保身に走る

これでは、現状の問題点としての事実が見えませんし、また、どんなに素晴らしい改善案を打ち立てても、誰も実践しようとはせず、「できませんでした」という報告で終わります。そしてインタビュー時、まるで事前に打ち合わせたように全員が言っていたのは、「余計なこと（をしてはいけない）」という言葉でした。

「お役所」はなぜ「事なかれ」なのか？

話は少し飛躍してしまいますが、よく言われる「お役所」体質とは、なぜ「事なかれ」的な保身体質なのかを考えてみましょう。

まず、「お役所」では業績によって昇給したり、賞与が増減したりしません。したがって、「お役所」内での個人の評価とは、

①個人能力の評価
②個人が何をやり遂げたかという（業績数値ではないが）定量的な結果評価
③どのように取り組んでいるかという定性的な評価

――の三点であると思われます。

しかし、この三点で明確なものさしが設定できるとしたら、①の個人能力の中で、どこの大学を卒業したかと、どのような資格を取得したかということくらいでしょうか？　ここからキャリア、ノンキャリアという分類ができてしまうわけです。

ところが、②、③については、評価をする人によって大きく差が出ると予想することは難しくありません。役所に限らず、仕事の結果評価について、「無事に終わっただけでは評価に値しない」という意識の高い管理職もいれば、仕事の品質基準すら持っていない管理職もいます。③の定性面については、個人的な好き嫌いも影響するなど、さらに差が出る部分であることはご存じの通りです。したがって、嫌みな言い方になりますが、なるべく上司のお気に召す職員にならなければ、良い評価を得ることは難しいでしょう。

しかし、役所のような個人評価のものさしが設定しにくい職場環境においても、決定的に個人別に差をつけるものさしがあります。それはミスをしたか、しなかったかです。つまり、何らかのミスを犯せば、その分だけ減点され、ミスをしない人のほうが点数（評価）が良くなるということです。

では、絶対にミスをしないためにどうするか？――それは、何もしないことです。何もしなければ絶対にミスはありません。決められたこと、言われたこと以外はやらない、なるべく余計なことはしない。つまり、ノープレー・ノーエラーの「事なかれ体質」に陥りやすいのです。

ミスをして評価を落とされてはたまらない

実は、このE社は、会社の規模や業種から見ると、かなり複雑で高度な人事評価制度を導入していました。職種等級ごとに詳細に職能要件が定義され、さらにスキル評価を個人別に数十項目にわたって行うのです。もちろん評価項目の中には、改善提案や自己目標達成度などの加点評価が可能なものもあるのですが、圧倒的にミスの数やその重要度についての項目が多く、減点されるかされないかが、評価の大きなポイントになっていました。

また、この評価制度が導入される以前も、E社の役員陣は、技術肌で完璧主義的な性格の人が多く、特にミスやロスを嫌う面が強かったと聞きます。したがって、もともとミスをした者が責任を追及されるといった風土があったのです。

そのような中、近年は原価の上昇と生産性が上がらない現状を反映し、全体的に低い評価になりがちだったため、当然、ミスをして大きくロスを出したりすれば、その人の評価は地に落ちる、といった状態だったようです。

もうお分かりでしょう、E社の社員が言う「余計なことをしてはいけない」とは、「いつもと違うことをし、ミスをして評価を落とされてはたまらない」「自分だけ変に目立ってしまい、役員に嫌われては評価を落とされる」という保身の意識そのものなのです。

減点法と加点法

このように、「ある基準」から劣る部分を減点して評価する考え方を減点法と言います。この「ある基準」とは、詳細に要件が定義されている場合も、漠然と評価者が理想とする要件を持っている場合も結果は同じで、ミスや劣る部分を減点で評価していくところにポイントがあるわけです。

一方、加点法というのは、ゼロベースから、良い部分や貢献している要素を加点し、評価する考え方で、もちろん貢献度がなければ加点にはなりませんが、この場合は評価の着眼ポイントが一律にならず、その人の個性や特徴を生かした貢献に対して評価ができるというものです。

例えば、ある営業社員の評価を、定量評価（数値基準評価）と、定性評価（態度特性評価）

を五〇：五〇の一〇〇点満点で行ったとします。定量評価は数値基準なので、誰が評価しても同じです。今回は売上目標達成率九五％で基準では四八点であったとします。定性評価も五〇点満点で評価するとして、まず、減点基準でいけば、例えば、この社員は報連相が悪いのでマイナス一〇点、書類提出の期限を守らないのでマイナス一〇点、さらに、先日ミスをして会社に損失が出たのでマイナス二〇点とすると、定性評価は五〇点満点中、一〇点。定量評価の四八点と合わせて五八点の評価となります。

次に、加点の考え方で評価します。例えば、この社員は、部下の面倒をよく見ており、部下の成長が認められるのでプラス一〇点、自らよく勉強し、ある分野の知識は部内一で、部内の知恵袋として貢献しているのでプラス一〇点。ミスもあったが懲罰まではいかないので、ミスに対しては減点しないとすると、定性評価は二〇点で、定量と合わせて六八点ということになります。

同じ社員でも、S・A・B・C・D（人事評価を行う場合のランクで評語ともいう）の五段階評価を採用している場合、減点主義ならCランク、加点主義ならBランクと評価の考え方によって差が出ます。

人は自分がどのように評価されるかで、大きくモチベーションが変わり、成長の速度も変わります。社員を育てるためには評価をするならば、加点（良いところを評価する）基準で見なければなりません。減点基準では社員の成長はないと言っても決して過言ではないでしょう。

「事なかれ」な風土が組織を衰退させる

会社や組織にとって何らかの貢献度がある人材を、あまり重要ではない項目で減点評価し、社員のモチベーションをわざわざ落としているケースをよく目にします。したがって、ミスを許さず、社員を減点で評価する気質の会社は、人材が成長せず、退職率も高いことが多いように思います。

反対に、新しい技術やビジネスモデルなどを生み出すパワーを持っている企業は、自由闊達な社風であることが多く、失敗が許される社風であると言えるのです。

失敗が許されない風土では、誰も新しいことに挑もうとはせず、減点を嫌う「事なかれ」な風土が醸成されてしまいます。こうなると、そこからイノベーションが生まれることは考えにくく、このような風土の組織はさらなる衰退の道をたどることが予想できるわけです。

なぜ減点主義になってしまうのか？

これにはさまざまなパターンがあります。個々の貢献度が測りにくい「お役所」のような組織である場合や、管理の厳しい社風がエスカレートする場合、評価者（幹部）が原因他人論で部下を悪いほうにばかり捉える場合などです。また、まれな例ですが、評価者が熱心さのあまり、評価に凝り過ぎてしまうケースもあります。

あなたは部下を減点で評価していませんか？　また、そのような意図はなくても、結果的に部下が減点を嫌って「事なかれ」な風土になっていないでしょうか？

いずれにしても、すべては経営者や経営幹部、上司であるあなたの考え方・行動の反映として生まれた社風なのです。

◆育つ環境とは何を指すか

企業における人材が育つ土壌としての社風を解説してきましたが、企業における人材育成で最も大切なことは、実は、研修カリキュラムの内容を良いものにしなければと悩むことではなく、たくさんの研修をこれでもかと計画することでもありません。もちろん、それらも大切ではありますが、最も大切なことは、企業人材が育つ土壌（社風）をつくり上げることにあると思われます。

第1章で人材の成長が早く、組織が活性化している成長企業もあれば、逆に退職率が高い問題企業も存在すると述べましたが、この二社の違いは何でしょうか？

同じ企業は二つと存在しないわけですから、もちろんさまざまな違いがあります。その中で最も違うのは、「人材が育つ基本的な土壌（社風）」だと言えるのではないでしょうか。

例えると、良い土壌（社風）では、多少問題のある苗（人材）もそれなりに育っていくのですが、悪い土壌（社風）では、良い苗（人材）でも育たない。対策として良い肥料（研修）をやると、瞬間的には改善するのですが、結局、苗（人材）は成長できずに枯れてしまう（退職してしまう）という構図なのです。

人材育成は企業にとって永遠の課題と言われますが、これは、「良い社風をつくり上げていくことは、永遠の課題である」と言い換えてもよいくらいだと私は思います。

人材を育てる社風

本書で繰り返し述べているように、いくら内容が良くても、研修だけで人材は成長しません。日常の行動をどのように変えていくかがポイントになり、これは、「人間は負荷を掛けて鍛えなければ成長しない」という原理原則を表しているわけです。

そして、この原則から考えると、人材を育てる良い社風とは、〝社員にほどよい負荷を課し、鍛え上げていく〟社風ということなのではないでしょうか？

このように言うと、非常に厳しい、常に社内で罵声が飛び交うような殺伐とした職場を連想してしまいがちですが、そうではありません。

本書でも上司のフォロー・サポートによる人材育成の手法としてコーチングを紹介しましたが、本人に気付かせ（もしくは答えはすでに本人の中にある）、自立を促すことにより〝自らが行動を変えていく〟、つまり、成長しようと自分に負荷を課していく行動に変化させる育成法であると言えます。

人が育つ良い社風を持っている企業は、これと同じ原理の社風を持っていることになります。社員は皆、常に自分のレベルよりも少し高い結果を要求されますが、本人はそれを「厳しい、つらい」とは思わず、「当たり前」だと納得し、達成時にやりがいを感じているのです。もしくはその上を行く社風として、社員は皆、常に自分のレベルよりも高い結果を自発的に目指し、それぞれが行動を変え、自らに負荷を課していくという社風です。

そんな理想的なことがあるものかと思うかもしれませんが、実は、これは次に挙げる五つの基本的な経営システムが確立されたときに表れる効果ではないかと思われます。

①経営理念の追求と社員への浸透
②中期ビジョンの構築と組織を挙げての推進
③目標・方針徹底のためのマネジメントの確立
④①〜③の理解を深める社員教育が体系的に実施されている
⑤貢献度の高い社員への評価と分配の仕組みを構築

「そんなことはよく分かっていますよ」と思う人は多いことでしょう。しかし、この五項目と、これらを確立した結果として、「社員は常に今のレベルよりも少し高い結果を要求される（もしくは自ら課していく）が、本人はそれを〝厳しい、つらい〟とは思わず、当たり前と納得し、達成時にやりがいを感じる社風」になっていることが、果たして想定できるでしょうか?

読者の皆さんは、モチベーションを上げ、やりがいを感じるのは自己啓発系の教育であって、このような経営システムの確立はまた別のものだと考えてはいないでしょうか? 私は、さまざまな事例から、経営システムがしっかりと確立され、それが社風として根差せば、前述した状態がおおよそ形成されると考えています。

なぜなら、理念の共有や中期ビジョンの推進は、目標や方針をなぜ推進するのかという目的の理解であり、社員の自立を促す素地なのです。そして、これらを推進するマネジメントの確立こそが社員に適切な負荷を掛け、成長させていく最も有効な仕組みだからです。その証拠に経営システムが確立されておらず、ノーマネジメント、戦略もなければ、教育もできていない、そのような会社の人材がメキメキと成長しているさまを、私はいまだかつて見たことがありません。

マネジメントの確立が人を育てる

これも誤解を恐れずにはっきり申し上げると、ノーマネジメントの会社は、どんなに良い研修を何度やっても無駄なのです。コンサルタントである私がこんなことを言うと本当に叱られそうですが、これは事実なのです。

例えば、せっかく社員が研修を受けて意欲が高まり、改善目標などを立てて実行しようと張り切って職場に帰っても、現実の職場においてそれらをフォローしてくれる上司や組織がない。それればかりか、何か新しいことを始めると、「そんなことやめておけ、どうせ給料は上がらないぞ」と悪気なく足を引っ張る組織破壊者的な同僚（時には上司）がたくさんいる。そんな会社で社員が自立して成長することが、果たしてできるでしょうか？

企業におけるマネジメントの基本とは、決められたことが決められた通りに運ぶようにコントロールすることであり、当たり前のレベルを上げていくことです。ところが、決められたことが守れないノーマネジメントの企業にはそれができない。それどころか、思うように動かない社員を動かすために、上司がパワハラ的な負荷を部下に課し、従わなければ異動させたり、退職を勧奨したりするのです。結果として、慢性的に人材が成長しない不活性社風の企業が出来上がってしまいます。この構図を自己啓発研修のみで改善しようとするのは、甚だ無理があるとは思いませんか？

良い社風をつくり上げる

経営者の究極の仕事とは、良い社風をつくり上げることなのかもしれません。それは、これまで述べてきたように、組織全体が常に一段高いレベルを目指すべく、社員にほどよい負荷が掛かっており、その結果、人材が成長して企業も発展を続ける状態をつくることになるからです。良い社風とは、決して社員に甘い風土ではなく、厳しいけれどやりがいのある企業だと考えられます。

では、社員に甘い社風ではなく、「厳しいがやりがいのある社風」をつくり上げるには、具体的にどのような手を打てばよいのでしょうか？　そのヒントとして、次に事例をいくつか挙げながら解説します。

先ほど述べましたが、まず、前提条件として、経営システムが機能していることが挙げられます。繰り返しになりますが、外せないポイントなので、もう一度、詳しく説明します。

経営システムとしての、計画（Plan）→実行（Do）→チェック（Check）→対策・処置（Action）が確立していること。そして、マネジメントを社員に教育する仕組み（研修制度など）があること。最後に、部門や個人の評価基準が明確で、評価制度が確立していることです。

また、私はノーマネジメントで人材がメキメキと成長している会社を見たことがないと申し上げましたが、マネジメントの確立は、人材を育成する上で前提条件となる重要なものです。もっとも、昨今の環境変化を鑑みると、ノーマネジメントの会社は、変化の速さに翻弄されて人材育成どころではないかもしれません。

さて、そこで人材育成がうまくいっているさまざまな企業事例から、人材が育つ社風をつくり上げていくためのヒントを探ってみましょう。

人材が育つ社風をつくるヒント1◎仕事は速(早)くて当たり前

まず、業績が良く、人材も比較的育っている会社は、社風として「何でも速い（早い）」という特長があるように思います。一つ目の要素として、社風としての「スピード」を挙げたいと思います。これは、仕事を進める速さと、レスポンスの早さの両面があります。逆に、慢性的な赤字会社は大抵の場合、すべての仕事が遅く、レスポンスも最悪であることが多いように思います。もちろんすべてそうだというわけではないのですが、レスポンスの悪い会社が顧客から良い評価を得ているケースはまれでしょう。

そして、結果的にそうなるのかもしれませんが、風土として「何でも速い（早い）社風」

をつくっておけば、社員に対してほどよい負荷が常に掛かることにもなり、人材育成上のベースとなるわけです。

「そうか。では、何でも速く（早く）させるようにすればよいのだな」と簡単に思うかもしれませんが、そんな簡単な話ではありません。

例えば、あなたの会社では月次決算が毎月何日に上がってくるでしょうか？　現状、毎月一〇日に月次決算が出来上がるとしましょう。では、それを五日間短縮し、月初の五日には月次決算を仕上げ、一〇日には経営会議を開催するとなると、どうでしょう？

私のコンサルティング経験によると、たった五日を短縮するのに約一年の改善期間を要することはざらにありますし、企業によっては改善できない場合もあります。

また、あなたの会社にはすべての仕事に期限が設けられているでしょうか？　加えて、期限の中間で進捗を上司に報告することが社員の基本的な行動として根付いており、期限前に終了の報告が上がってくることがほとんどという社風でしょうか？

ほぼ期限が守られることは少ない、または、そもそも仕事の期限が切られていない企業もあるのではないでしょうか？

このような違いが「社風の違い」なのです。

では、仕事のスピードを上げるために、具体的にはどうすればよいのでしょうか？

まず、実践していただきたいのは、「早くやろう！」と常に声を掛けることです。バカにしているのかと怒られそうなアドバイスなのですが、まずは、ここから始めることを強く勧めます。

もちろん、処理フローの改善や機械化によるスピードアップなど、仕組みとしての抜本改善を考えることは基本ですが、私の経験では、特に事務処理的なスピードは、常に「速くやっていこう！」と声を掛けることによって、ある程度改善するケースが非常に多いのです。

人の生産性が悪く、慢性的に残業の多い会社は、そもそも仕事のやり方が悪く、スピードが遅い（のんびりしている）ことがほとんどなのです。そんなものは精神論的だ！と思われるかもしれませんが、社員に「仕事は速くて当然です」と教育をするところから始める意味でも、「速くやろう！」と上司が声を掛けることから始めることには意味があるのです。

社員が常に意識を持って仕事に取り組むか、取り組まないかで、かなり生産性に差が出ることを、皆さんはよくご承知のことだと思います。私が強くそれを感じたのは、ある金融業の経営者と雑談をしているときでした。この会社は本当に残業が多く、社長も頭を痛めていました。この時の私と社長の会話は、次のようなものでした。

私「社長、相変わらず皆さん、お忙しそうですね」
社長「まったく、何とかならないものかな。事務処理に時間が掛かるのは困ったものだ、残業代もばかにならないからね」
私「もっとＩＴ化を進めてみてはいかがでしょうか？」
社長「いやいや、それは、もうとっくにやっていますよ。でも、本当にやる気になれば、できるという面白い証拠があるんですよ」
私「面白い証拠……ですか？」
社長「うちは、若い社員が多いでしょう。若い社員はね、デートがあるときは、どんなに忙しくても定時に帰るんです」
私「ハハハ、面白いですね。でも、その後が大変でしょう」
社長「いやいや、私も気になったんですよ、誰かに仕事を押し付けて帰ったのではないかと思ってね。管理職に、ほかのメンバーに負担が掛かっていないか、翌日以降が長時間残業になっていないかと調べさせたことがあるんだけど、まったく影響がないというんだ。いっそのこと毎日デートしてくれないかなぁ、アハハ」

なんともくだらない話と思われるかもしれませんが、意識して時間を短縮しようと思えばできるということの証明だと思いませんか？

仕事の生産性を向上させるためには、評価制度などで社員の尻をたたくより、何らかの方法で社員のモチベーションを上げたほうがよいという理論を提唱されている方は多く、私もそのようなテーマの講演を何度か聴き、勉強をしたことがあります。

私の意見としては、それだけでは足りないと思いますが、モチベーションが上がる、つまりやる気が高まることは、社員の行動が変わる原動力としては最も強力なものです。本書で述べている人材の成長の原則、「行動が変わることで負荷が掛かり、乗り越えることができれば人材は成長する」ということにもつながっていきます。

話を戻しますと、行動を変え生産性を上げるために「速くやろう！」と声を掛けることを勧めましたが、それだけで生産性が上がるわけではありません。部下に速く（早く）やることを常に意識させるために、まずは掛け声を掛けるところから始めてくださいという意味です。

これですべてうまくいくとは思いませんし、状況にもよりますが、のんびりだらだらとした仕事の進め方が生産性の低下を招いているという現状が見えたなら、ぜひ試してください。

このような掛け声を導入するだけでスピードを常に意識させることができたなら、時間として一〇%程度の生産性は改善できると思います。

人材が育つ社風をつくるヒント2◎レスポンスナンバーワンを目指す

このようなスピードの速さに増して、レスポンスの早さは企業風土としてとても大切なことです。「あの会社に問い合わせると、すぐに答えてくれるから信頼できる」と評価されるのか、「あそこに問い合わせても、返答がいつになるか分からない」と評価されるかの違いです。これも、私はさまざまなケースを指導しましたが、レスポンスが悪い会社は、社内事情を優先させることが当たり前になっていて、顧客へのレスポンスが悪くなるケースが多いように思います。

ある卸売業では、顧客からの問い合わせに対して「回答速度業界ナンバーワン」を目指しています。これは、「顧客満足度ナンバーワンを目指す！」というよりも具体的で、社員にとっても分かりやすい取り組みだと思いませんか？

しかし、回答（レスポンス）を早くするためには、社員が常に最新の商品知識を習得している必要があります。メーカーからの技術情報や問い合わせ窓口などは誰でも分かるように情報共有すること、在庫管理を徹底することなども求められ、常に創意工夫が必要になるわけです。そして、この取り組みを続けることにより、社員には一定の負荷が常に掛かり、成長を促していることはもう説明不要ですね。また、顧客から「すぐに答えてくれて助かった、ありがとう」などのお褒めの言葉を掛けられると、社員のモチベーションが上がり、さらなる創意工夫に結び付くという善循環の仕組みづくりにもなるのです。

以前、ある大企業出身の社長から、「あの会社（社長が以前に勤務していた会社）は、常にバタバタしていて、いつも皆で、『大変だ、大変だ！』と言っている」と聞いたことがあります。実はその会社は、日本が誇る世界的な大企業なのですが、その話を聞いたときには、グローバルな大企業が、いつも「大変だ！」と言ってバタバタしている様子は、にわかには想像できませんでした。

しかしその後、さまざまな企業のお手伝いをするうちに、よく分かってきたことがあります。それは、「多くの優良企業で、現在進行形で成長を続けている企業は、全体的にいつもバタバタしているところが多い」ということなのです。それぞれ社風のタイプは違うのですが、共通していることは、何事も進め方が速く（早く）、また、社員の問題意識が非常に高いという点です。

もちろん、これは絶対条件ではなく、バタバタしている会社すべてが優良企業というわけではありませんが、本書のテーマである「人材育成を考える」という意味では、妙な言い方になりますが、この「バタバタしている優良企業」に学ぶべきことは数多くあるのではないでしょうか。

社風が社員を鍛える

この「バタバタしている」という社風ですが、冷静にとらえると、社員にとってはあまり居心地の良い環境ではないと思われます。想像してみてください。例えば、誰かが小さな改善点を見つけると、すぐに上申（提案）する。改善のための投資額など、難易度にもよりますが、多くは権限を委譲されている部門トップによって、その改善の実行が即決されます。すぐに改善内容の通達が回り、翌日には対策が打たれ、月内には成果報告書を上げなければならない。日々このようなことが繰り返されるのです。

さて皆さんは、どう思われたでしょうか。「素晴らしい社風だ、そのスピードはどこからくるのか」と思われますか？

確かに第三者から見ればその通り。でも、当事者の社員にとってはどうでしょう。恐らく、この会社は「社員も上司も大変な会社」ではないでしょうか。人材が育つ環境というテーマに戻りますが、この「大変さ」こそが、「人材を鍛える環境」であると言えるのではないでしょうか？

つまり、社員には常に一定レベル以上の負荷が掛かっている状態なのです。もちろん、大変なだけでは続けていくことはできませんから、こうした企業は、社員が問題点を挙げやすくするさまざまな仕組みを構築しています。例えば、改善提案による成果への見返り（報奨）や、やった者が報われる評価制度、そして何より、「問題を問題だと、堂々と言える風土」を大切にして、その取り組みを続けているのです。

よく事例として、このような改善への取り組みがメディアで紹介されていますが、人材育成という視点で考えると、改善によって起こるコストダウンなどよりも、社員が進んで「自らへの負荷」に取り組み続けることによる社員の成長にこそ、価値があると言えるのではないでしょうか。

改善によるコストダウンや新たな取り組みは、確かにいっときは成果が挙がります。しかし人材が成長し続ける仕組みは、企業が発展し続けるために最も必要不可欠なものです。

社風を変える取り組みとは

しかし、社風を変えることは、実は簡単ではありません。よく書籍などで描かれている企業再建（再生）物語の中に登場する、疲弊し切った社風を思い出してほしいのです。慢性的な赤字で借金体質、資金繰りは待ったなし。社員は新入社員から役員まで、皆、原因他人論でやる気なし、悪いのは〝世の中と社長〟だと信じ切っている。そのような会社へ再建のプロが送り込まれるのですが、社員は非協力的で悪戦苦闘の毎日、そう簡単には会社は変わらない……。

皆さんの会社は、そのような物語に描かれているほど疲弊した社風ではないと思いますが、いずれにせよ、長年にわたって醸成されてきた社風は、そう簡単には変わらないのです。

しかし、私は数多くの事例を見てきて、一つはっきりと言えることがあります。本当に社風を変えたければ、何といっても、経営トップと役員が本気で取り組まなくてはならないということです。どんなに優秀な部下がそろっていようと、その組織の経営が変わらなければ、風土は変わりません。

くだらない例え話かもしれませんが、組織のトップが禁煙すると、喫煙しているメンバーは、皆、一度は禁煙を考えるのではないでしょうか？　また、トップが早く出社するようになると、メンバーは少しずつ早く出社するようになります。これは、皆さんが思っているよりも、上司が部下に与える影響は大きいという例です。社風を変えようとしたとき、最も変わる必要があるキーパーソンは経営トップなのです。しかし、超ワンマン経営なら別ですが、組織経営において、経営トップの行動だけでは限界があることも付け加えておかなくてはなりません。やはり、経営幹部、管理職の協力なくして社風改善は実現し得ないのです。

したがって、社風を変えようと思えば、まず経営者として、経営幹部として、また上司として皆さんがどう変わればよいのかを考える必要があります。また、これは絶対条件でもあります。前述した改善提案の仕組みや評価制度の見直しは必要条件ではありますが、絶対条件が整わない中で実施しても効果は薄いでしょう。

「そんなことは分かっている。でも、できなくて悩んでいる」という声も聞こえてきそうですが、人材が育つ社風をつくり、自社を成長軌道へ乗せるための社風改善という大きな目的をあらためて考え、あきらめないで取り組んでいただきたいと思います。

人材が育つ社風をつくるヒント3◎フォロワーをつくる、そして次のステップへ

社風改善を善循環に持っていく初期には、壮大なエネルギーが必要になります。皆、ここで挫折してしまい、やはり「会社は、なかなか変わらない」とあきらめてしまうのです。

そこで、ぜひ取り組んでいただきたいことが、「フォロワー」をつくることです。トップが変われば、組織も変わると述べましたが、先ほども述べた通り、組織経営においては、トップ一人ではパワーが足りないケースが多いのです。そこで、フォロワーが必要なのですが、単に協力者であれば良いということではなく、改革を推進する人をつくることが大切なのです。

先ほど紹介した優良企業の社風に例えると、トップが「大変だ！」と言い出し、バタバタし始めると、「それは大変だ！」とトップよりもバタバタ動く人をつくるのです。もちろん、ただ騒いでくれと言ってもダメです。「フォロワーになるのは、この人しかいない！」という人材を選び、よく話をして理解を得ます。その意をくんで行動を変えてくれる、まさに「リーダーのフォロワー」をつくってください。

これは、改革を進めるときのコツなのです。数十万人に及ぶようなデモ活動や、社会現象

とまで言われるような「流行」も、たった一人の「言い出しっぺ」がいなければ起きないという事実があります。最初の一人がトップであり、二人目が理解者であるフォロワー（恐らく経営幹部）なのです。

そして、フォロワーが三〜四人になり、ある臨界点を超えると、そこから社風は加速度的に変わっていくことでしょう。繰り返しますが、社風を改善したいと考えるのは後継経営者に多く、私もコンサルタントとして、よく相談に乗っています。しかしトップ一人、特に後継経営者一人で取り組んでいては、挫折することがほとんどなのです。

この社風改善については、次の章で事例を交えて解説していきます。

第９章

人が育つ社風をつくるには

◆社風を変えるということ

さて、社風は、経営者と経営幹部の考え方や行動を反映し、長い時間を経て生まれるものだと述べました。では、経営者が代われば、社風も変わるのでしょうか？

答えは、「経営者が交代しただけでは社風は変わらない」。もちろん経営者の交代は、社風が変わるきっかけですし、また、変える絶好のチャンスでもあります。後を引き継いだ経営者が意志を持って社風を変えようとすれば、もちろん社風は変わっていくのですが、単に性格の違う経営者に交代したというだけでは、社風は変わらないものなのです。

また、何でも変えてしまうことが正解ではなく、歴史ある企業や組織には、守っていかなくてはならないことも数多くあります。

よく後継経営者の方から、先代の経営を時代遅れと感じていて、徹底的に変えたいというご相談を受けますが、「徹底的に変えなくてはならないことと、変えてはいけない、つまり守っていかなくてはならないことがある」といつも説明します。

本来、会社の問題点として挙げられるようなことは改善しなくてはならないのですが、よく時代遅れと表現されている部分に〝本質的な企業価値〟や〝顧客から支持されてきた真の強み〟など、変えてはならない、自社のコアとなっている守るべきポイントが含まれている場合もあるのです。

もちろん本当に弊害のある問題は、たとえ、「伝統的○○○」など、いかにも守っていかなくてはならないと受け取れるものでも改善が必要です。分かりやすく言うと、ちょっと極端で嫌みですが、〝伝統的に利益が薄く儲からない〟なんてことを守ってはいけません。こんなことを守れば会社がなくなります。このような悪い伝統こそ徹底的に改善しなくてはならない問題です。

また、先ほど述べたように後継経営者に多いのですが、先代を否定し、何でも徹底的に変えてしまおうとして、本質的な企業価値そのものを変えてしまう方が時々いらっしゃるのです。こうなると、自社の本来の強みが弱まり、顧客から支持されるべきポイントが変わってしまい、違う会社になってしまいます。問題の解決ではなく、逆に新たな問題を創造してしまうことになるのです。

例えば、〝ユニークな発想の新しい技術提供〟という強みで長年顧客から愛されてきた企業が、もっと拡大路線に転換したいというだけの発想で、開発予算を大幅に削減し、その分、販売チャネルの拡大を行い、広く汎用的な技術提供をするようになれば、今までの固定ファンは一気に離れていくことでしょう。これが、「本質的な強みを変えてはならない」という意味です。

しかし、変えてはならないとは言っても、本質的な企業価値の領域であっても、環境や時代の変化により最新の技術を取り入れることはもちろん、表現方法や提供方法、またはビジネスモデルそのものを変えなくてはならないケースは多くあります。本質は変えないけれど、環境や時代変化に適応していく。そのポイントをしっかりと見極める必要性もあるということです。少し難しい話かもしれませんが、環境変化に対応していくことと、企業価値の本質を変えることとは違うのです。人材が育つ社風をつくるという点からは話が離れてしまいましたが、とても重要なポイントなので触れておきました。

さて、本書のテーマに戻りますが、この守っていくべきものを〝伝統〟と称することがあります。また、その伝統は社風に大きく影響を与えていることは想像いただけると思います。しかし、これが社風改善の最大の障害となる場合があるのです。良くない〝伝統〟を守って、良くない社風になってしまっているということです。

代表的なものには、時代に合わないことを守っているケースがあります。「うちの会社は、伝統的に先輩が後輩の面倒を見ないよね」だとか、「うちは一人で自立しないとやっていけない会社だから、昔から新人に仕事を丁寧に教えることがないね」などです。

どうでしょう。大半の方は、なんでそんなことが伝統なの？　意味が分からないと思ったはずですが、私が今まで出会った企業の幹部が実際に言っていたことです。

当然、こんなことが伝統であるはずもなく、もちろん、自社の本質的な価値ではありません。もし現状の社風がそのようなものであれば、改善を要する問題点なのですが、ご本人たちは〝伝統〟と呼び、結果的に守っているような場合があります。恐らく自分たちがそのような扱いを受けてきたので、現在も後輩や新人にそのような対応を続けているのだと予想できますが、先に述べた、旧世代の価値観の押し付けが全社を挙げて行われており、〝立派な〟社風として成り立ってしまっているのかもしれません。

しかし、この「昔からこうだった」という類のものは、ご本人たちが昔を懐かしみ、語り合う分には大いに酒場でやっていただきたいのですが、これが会社の風土になっていたらどうでしょう。若手社員、ましてやこれから入社してくる社員が、時代に合わないこのような社風の中、すくすくと成長していく姿は、私には想像できません。

また、これからの時代はさらに人手不足になることを考えると、さまざまな価値観を持った人材が混在する、「ダイバーシティー型」の組織であることは必要不可欠です。特に組織の拡大を図りたければ、人材確保の意味からも必要な要素と言えると思います。

ダイバーシティー、つまり「多様性を持った組織」「さまざまな価値観、習慣を持った人材の集まり」は、グローバル企業ではすでに当たり前のことですが、これからの人手不足時代には、中堅・中小企業においてもさまざまな人材の登用が必要です。そのためには、単に採用技術の問題だけではなく、そのような異なる価値観を持った人材の集まりである組織を運用できる、マネジャーの存在が不可欠になります。このマネジャーが、前に述べたようなモノカルチャー世代（一つの価値観を全体で共有してきた世代）で、自分の価値観の押し付けを行っているようでは、人材育成以前に組織が拡大せず、企業としての成長を遂げられないということになります。

このように言うと、私も含めて、私と同世代のモノカルチャー世代の方々は、自分の価値観を否定されているように感じたかもしれません。しかし、未来が今よりも発展し、豊かであるようにと望んでいるならば、今までの文化は、「自社の成長の過程で、こんな時代もあった」と、額に入れて飾ってしまったほうがよいと思いませんか？　メモリアルとして語っている分には問題にならないのですから。

良い会社なのか、悪い会社なのか

さて、それでは人材が成長する社風へと改善を進めるために、社風の正体をもっと詳しく、事例で解説していきましょう。

Ｆ社は年商四〇億円、社員五〇人の建設会社です。地域の中堅企業として知名度も高く、高い技術を持った社員が多く在籍しています。顧客からの評判も良く、そのような意味では優良企業でした。社員はまじめで礼儀正しく、社内は和やかなムードにあふれ、チームワークも良好なように見えます。私の第一印象は、「本当にいい人ばかりだな」というものでした。

ですが、一見素晴らしそうなこのＦ社、バランスシートを見ると債務超過に陥っていたのです。同業同規模の会社と比較すると利益率が非常に悪く、慢性的に利益が出ない赤字体質が続いていました。さらに驚いたのは、不良資産が多く、大量の含み損を抱えていたのです。しっかりした応対で和やかな社風なのですが、業績面では待ったなしの緊急手術が必要な状態でした。

Ｆ社の社長は、にこやかでまじめそうな二代目の青年社長です。社長を継いだのは五年前で、前社長が急逝したため、当時専務だった同氏が急遽、後継者となったわけです。

私がF社の幹部や社員にインタビューすると、次のような事実が判明しました。

①ほとんどの社員は自社をいい会社だと思っている
②争い事やもめ事がなく、民主的な社風だとほとんどの社員が答えた
③自社の技術に自信を持ち、仕事にやりがいを持っている人が多い
④「現社長は前社長に比べて、とてもいい人である」と多くの社員が言い、好意的である
⑤社員は決算書を見たことがなく、幹部も含めて今の経営実態をほとんど分かっていない

社歴の長い社員は、「前社長はワンマンで、社員に非常につらい思いをさせた」と語り、「現社長は皆の意見を聞いてくれるし、一人で何かを決めてしまうこともない。ワンマン独裁経営からとても民主的な社風になった」と言うのです。

民主的な社風の正体

社長が代わり、会社も社風も変わったかのように見えますが、実はF社の社風は、前社長時代から何も変わっていません。つまり、社員は言われたことしかやらない「指示待ち族集団」で、「自立性のない社風」がつくり上げられていたのです。ワンマン社長がいなくなっただけで、前社長にすべて指示されて動いてきた社員は、「あれをやれ、これはやったか」とうるさく言われなくなり、「今は平和で民主的な良い会社になった。以前は殺伐とした戦場のような会社だった」と思っているだけなのです。また、現社長も先代のワンマン経営には反感を抱いていて、「自分の代になったらワンマンではなく、民主的に事を進める会社にしよう」と常に考えていたと言います。

しかし、現実はどうでしょうか？　二代目はワンマン経営を嫌ってのことか、もともとの性格なのか、自分では何も決めようとしません。常に幹部を集めて「どうすればよいか？」と話し合いをするものの、会議では何も決まらない。これは、当然です。「自分で決めない社長」と「自らは何も考えない幹部」が集まって話し合いをしても、何かが決まるわけがありません。

また、前社長は社員も後継者も育成せず、情報もほとんど公開しないで、すべて一人で意思決定を行ってきました。結果、二代目社長を含む全員が、自ら判断して意思決定を行った経験がほとんどないのです。そのため、誰かに指示されなければ何もできない、何も始まらない社風が出来上がってしまっていたのです。

私はF社の経営会議に参加しましたが、「これは良くない」「何とかしなければ」と言う〝評論家〟はいるものの、判断を下せるリーダーは一人もいませんでした。したがって、常に問題は先送りです。前社長時代に行った投資や新たな分野への挑戦が、環境変化によって業績に悪影響を及ぼしているにもかかわらず、誰も決断を下さないまま何年も放置されてきたのです。

経営は意思決定

決してワンマン経営を推奨するわけではありません。しかし、経営判断は多数決では決められないことがほとんどです。いや、多数決で決めてはいけません。幹部会議で意見が割れたとき、どのように判断するかがトップの仕事であり、これこそが経営の意思決定なのです。「経営は思想であり意志である」のです。何の理想（理念）もなく、皆で話し合って皆のいいようにしていこうというのは、サークル活動と大差がありません。サークル的な活動を否定するものではありませんが、少なくともこれは経営ではありません。

高い理想と強い意志（理念）を持って、経営者・経営幹部が取り組めば、必要な社風は年月を経て醸成されていきます。何の理念も意志もなく、成り行きで経営すれば、成り行きで社風が出来上がっていくのです。

したがって社風とは、経営の結果として時間を掛けて醸成されるものであり、また、どのように会社組織を運営してきたかという結果なのです。どのような会社にしたいかを考え、そのために必要な組織運営方法を徹底していかなければ社風は変わらないのです。

◆女性社員が育たない企業の背景にあるもの

女性社員の採用と管理職への登用は、これからの時代、企業には必要不可欠な要素です。社風の改善とも関わってくることですので、ここでも少し触れておきたいと思います。

よく、人手不足の対策として、「女性の登用が必要」と言われますが、あくまで私見でありますが、これは、少し本質論から外れているように思います。先ほどのダイバーシティー型組織への移行とは、本質的に問題が違うからです。

なぜかと言えば、当たり前ですが、女性はすでに社内に多く存在しますし、人類の半数は女性なのです。つまり、人手不足を解消するために、今まで社内には存在しなかった、考え方や習慣の違う方々を採用し活用していこうということと、業種や企業によって、割合は違うかもしれませんが、すでに存在する女性社員を人手不足の対策として増やそうということは本質的に違うと思うからです。

このような発想は、いかにも旧世代の男社会の発想と思ってしまうのは私だけでしょうか？　といっても、恐らく、私もその男社会の人間の一味と取られても仕方がない年齢なので、女性の皆さんから、「おまえが言うな！」と怒られそうではありますが、あえて私がここでこの問題に触れるのは、日ごろ、コンサルティングの現場でさまざまな企業におじゃまをしていて、「なぜ、こんなに女性管理職が少ないのだろう」とつくづく思うからです。

もちろん、先ほどは男社会の発想などとは言いましたが、確かに日本の社会的構造の問題点として否定できないところであります。この問題は違う方たちにお任せするとして、ここでは、人材育成という視点からこの問題を取り上げてみたいと思います。

なぜ女性管理職が少ないか？

恐らくは単純な話で、一言で言いますと、女性社員を管理職まで育てられないのだと思います。

よく、女性特有の課題に対応できていない環境整備の問題や就業規則の問題により、退職を余儀なくされるというようなことが取り上げられます。もちろん、それも大きな課題だと思いますが、私が現場で感じることは、それよりも、女性社員を管理職まで育てられない上司が圧倒的多数であるということです。

もちろん、女性管理職が中心という企業もあるのですが、残念ながら女性特有の感性や特性が求められる限られた分野になると思います。そして、男性管理職が中心の企業は、やはり、マネジメントのやり方自体が女性社員に受け入れられるものではないという、育成以前の問題という場合も多くあります。上司個人の問題では片付けられない、企業組織としてのマネジメントの課題と言ってよいでしょう。

そして、若手社員が退職する原因として挙げた、「上司の価値観の押し付けが、女性社員育成にも関わってくる」ということなのです。

若手社員と同じく、女性社員の多くは、四〇～五〇代の男性管理職の価値観が理解できません。ダメな上司のパターンは他の章で述べたので、ここでは繰り返しませんが、価値観の暴力ともいうべき押し付けが、若手社員だけではなく、女性社員育成の課題にもなっていることを付け加えておきます。

この章の初めに、これからの組織のあり方として、ダイバーシティー型を挙げましたが、この多様性組織になるためには、まさに上司が頭を切り替えることができるかどうか、この一点が最大の課題であると言ってよいと思います。

会社には、さまざまな人がいてよいのです。さまざまな人たちがいるからこそ、新しい発想やソリューションが生まれるのではないでしょうか。

そのさまざまな人たちの能力を引き出し、それをチーム、組織としてどのように価値に替え（役立て）、どのような結果（業績）を出すか。

これをデザインし、マネジメントしていくことが、管理職であるあなたの役割なのです。

◆違う考え方を受け入れられない上司とは

さて、それではどうして自分の価値観を部下に押し付けてしまう管理職が多いのでしょうか？　これは、別の章でも述べましたが、まじめで一生懸命な方ほどそのようになってしまうようです。第三者から見ると、やればやるほど部下との信頼関係がなくなり、部下が育たないという、とても不幸な構図なのです。そして、第1部の【エピソード】に登場したT課長のように「どうして私の部下は、こんなにダメなのか」と嘆いているのです。

私は、さまざまな企業のさまざまな管理職、経営幹部の方々と接してきました。当たり前ですが、本当に上司としてさまざまなタイプがあり、年齢に関係なく、明るく元気で前向きな考えの方、また、元気がなくマイナス思考の塊のような方など、性格も能力も違います。

しかし、部下を育てられない不幸な上司になるか、ならないかは、このような性格の違いではなく、自分の価値観と違う考え方を受け入れられるかどうか、という点が最も大きいように思います。

そして、自分の価値観と違う考え方を受け入れられない方にも共通点があります。それは、「自分は違う価値観を受け入れられないような小さい人間ではない」と固く信じていることです。

冗談のような話なのですが、いつも部下の意見や考え方を全否定している上司が、部下に「もっと周りの意見を聞いて、違う考えを受け入れなさい」というような指導をする場面を何度も見てきました。第三者が見ると冗談で受けを狙って言っているのかと思うくらいの情景です。ところが、本人は大まじめで、まるで「上司である私のことをもっと見習って」という言葉が聞こえてきそうな言い方なのです。これでは、部下がこの上司の指導に従うはずはありませんよね。

誰でも自分のことは見えないものなのですが、私自身も、そんな上司になっていないかと考えてしまうことがあります。

この自分自身のことを正しく認識するという力については、二〇～三〇代のころは、謙虚さと素直さがあるため、他人からの指導を柔軟に吸収することができ、自分自身の成長を早めていく原動力にもなります。私の経験でも、若手で成長が早い人は、やはり素直で他人の意見をよく聞き入れられる人が多いのです。

反対に、若くして仕事ができるタイプに多いのですが、プライドが高く自信があるために他人の意見を受け入れることができない人もいます。結果、それ以上の成長がなく、前者の素直で他人の意見を受け入れてきた方のほうが、当初は下であったのに将来的には立場が逆転してしまうということがあるのです。

さて、回りくどく表現してきましたが、もうお分かりでしょうか？

自分とは異なる部下の価値観を受け入れることができていない方は、もう上司として、恐らく、ビジネスパーソンとしても成長が止まっているのです。もしかすると衰退に向かっているのかもしれません。

「それは、偏見だ！　もう、自分はある程度の結果は出してきた。一生成長し続けるなんて無理だ！」なんて、思わないでくださいね。

でも、あえて申し上げると、ビジネスパーソンは現役である以上、一生成長です。そして、成長にもさまざまな種類があるのです。部下たちのように、行動する能力や処理していく能力は、年齢が高くなるにつれあまり伸びなくなっていくのかもしれません。もちろん人にもよりますが、指導する能力、本質を見極める能力、また、人としての魅力などは、一生成長させることができるのではないでしょうか？

実際、ほとんどの創業経営者は、私の知っている限り、一生成長しようと努力し、勉強を続ける人がほとんどです。すでに創業という偉業をやり遂げたにもかかわらず、まだまだ次の目標が見えてくるから努力するのだそうです。

私は、自分の父親のような年齢の創業者の方に、「昨日読んだ本に、良いことが書いてあったから教えてあげるよ」などと言われて、ドキッとしたことが何度もあります。この年齢でまだ、勉強しているのだと本当に感心します。また、年下である私のアドバイスを本当に真剣に、また素直に聞いてくださり、良いと思ったら即実行という行動力がある創業経営者が多いように思います。

そして、本当にすごいなと思う創業者に何人もお会いしましたが、その非凡な才能の持ち主たちは、自分の能力がこれ以上成長しないと悟ったとき、現役を引退されてしまうのです。

創業経営者は、確かに凡人にはない才能の持ち主が多いのですが、この例の通り、経営者自らが成長していない会社が成長を続けることはできないのです。本当に素晴らしい、才能を持った非凡な創業者はそのことがよく分かっているのです。

この経営者と企業成長の例と同じく、自らが成長していない上司の下で、部下たちが成長し続けることは難しいと言ってよいと思います。ですから、違う考え方を受け入れることができず、これ以上、成長することが困難になっている上司の下で、部下が育っていないのは、当然のことなのです。

ここまで本書を読まれて、「最近、自分は成長できているだろうか?」と少しでも思った方は、T課長のように「どうして私の部下は……」と嘆くのは、ちょっとお預けにしたほうがいいかもしれません。

◆理念(使命感)教育の意味するもの

目的を共有し、目指すものを一つにしている組織は、本当に強いものです。組織運営とは、いかに組織を統一できるかに懸かっています。ベクトルを合わせるとはこのことを言うのですが、企業組織でなくともこの原則は同じです。何しろ、バラバラになってしまうことが組織運営上、最も効率が悪く、また、実行推進力も弱くなり、ライバルに付け入る隙を与えてしまうからです。そこを突かれると、今まで築いてきたものが一気に崩れてしまうこともあります。企業で言うと、赤字転落というところでしょうか。

そこで、あらゆる組織は、目的を共有するためにその考え方をメンバーに教育しなければならないのです。自分たちの企業価値、つまり、「どのような価値のある企業になりたいのか？」という、皆で頑張っていることの意味、そして「そこに向かうことによって自分たちの価値がどのように向上するのか？」ということを教えていく理念の教育です。そして、それらを達成するミッションの共有です。

その結果、社員の意識が変わっていけば、やはり社風醸成の大きな要素の一つになります。人材が成長するには、社員が自らに課題を設定し、それらを乗り越えていくことで成長していくことが最も望ましいとはこれまでの章で述べてきましたが、この企業価値（理念）の追求こそが、そのような組織をつくる究極の手法なのかもしれません。

しかし、「うちの会社には、自分も含めて、そんな観念的なことなんて合わないよ」「古臭い」と思われた方も、きっといらっしゃるでしょう。組織を統一していくためにはこの目的を共有していくということが有効なのです。そして、目的が共有化された組織は実に強く、メンバーはその目的達成に向かって、自らに課題を設定していく行動をいとわないということになるのです。

しかし、最近の若手社員の仕事観から言って、会社の目的達成のために頑張るという人なんて、いないのでは？　という疑問が残ります。そこで、上司の皆さんの出番なのです。

先ほどの、「企業価値の追求」は、最近は、ビジョンという形で社内外に公表されているケースが多くなっています。問題は、それを分かりやすくかみ砕いて、部下自身が良くなるための考え方として理解を得て、そして、部下自身の価値観でやりたいことを達成していくために協力してもらうということです。例えば、「仕事を頑張り会社を良くして、自分は、〇〇を楽しもう！」というようなことです。

さて、上司の皆さん、かなり違和感がありますね？　でも、それはもう説明しませんが、何度も出てきた価値観の違いであり、「それは違う！　仕事というのは……」とやれば価値観の押し付けになってしまうのです。

ここでご理解いただきたかったのは、この思想教育の重要性なのです。日々、コミュニケーションを取っている上司からの影響は最も大きいといえます。そこで、企業価値の追求の重要性を、来る日も来る日も分かりやすく説き、理解を得る。これは、一年に一度、全社員に向けてどこかの偉い先生に講演してもらうよりも、一番効果のある教育で、良い社風をつくっていく上でとても大切です。

性格も価値観も違うメンバーが、「うちの会社の価値はこのようなことで、これを達成したい」と目的を共有している。こんな素晴らしい社風はないと思いませんか？

◆社風をつくっている（維持している）ものは何か

さて、本書のまとめに入るに当たり、事前に申し上げておきます。すでにそうですが、ここからは、本書のテーマである人材育成という部分から離れて、経営そのものの話が多くなります。

企業で人材が育つかどうかという点において、社風が重要な位置付けにあることは、これまで述べてきた通りです。加えて、社風と経営とは切り離すことができない関係であることもご理解いただけると思います。

したがって、経営を改善し、良い社風を醸成していくことが、究極の企業人材育成を推進することになるのです。

本書の副題「悪いのは会社か？　あなたか？　本人か？」の、〝会社か？〟という部分の解説ですので、特に管理職である皆さんには、この経営と社風、そして人材育成の関係性をよくご理解いただければと思います。

改善策①　社風の推進と演出

なぜ社風が醸成され維持されるのか？

さて、社風は企業の特性であり性格であるわけですが、これまで述べてきたように、単に「明るい人が多い会社だから明るい社風」とか、「せっかちな人が多いのでスピードが速い社風」というような単純なものではありません。まったくその逆で、明るい社風、スピードの速い社風であれば、たとえそうではない気質の人も、そこに入社すると感化されるといったものなのです。

これが、社風が社員を育てる（または、ダメにする）ということの意味なのです。

H社とI社の社風

H社は、年商七〇億円のホテルチェーンです。H社の社風は「一人三役が当たり前」というもので、生産性の高さは他に類を見ないものがあります。とかく、ホテルは縦割り組織が多いゆえにセクショナリズムに陥りがちです。大きなホテルになるほど、予約は予約、宿泊は宿泊、宴会は宴会と他部署の仕事に関知しないし、中身もよく分からないという連携の悪い会社も多くあります。

しかし、H社は、そのようなセクショナリズムを許しません。フロントで対応していた社員が、宿泊客のチェックインが落ち着くと宴会場の準備を手伝い、さらに準備が一段落した時点で、週末に行われるイベントの準備に追われる。そして、宴会が終われば今度は後片付けのヘルプに早変わり、という具合です。

このように一人で何役もこなすのがH社社員の当たり前の姿です。新入社員は、先輩や上司のこういった姿を見て、指導されていくうちに、自分も当たり前のようにいくつもの仕事をこなしていくようになります。

社風とは社員にとって、活動する上での環境であり、また、育っていくための環境でもあるのです。良い社風の会社は、新人を良い方向に感化していき、反対に悪い社風を持った会社は、優秀な人が入ってきても悪い影響に染めてしまうのです。

I社は、広域に店舗展開をしているチェーンストアです。I社の社風は「現場主義」。つまり「どんなに企業規模が大きくなったとしても、店である以上、お客さまに来店いただく売り場がすべてであり、社内のほかの機能はあくまでも売り場のためのもの」という考え方です。

この基本的理念ともいうべき考え方は、I社のさまざまな社風に反映されています。I社の社員は売り場に出ることが大好きで、本部勤務の社員もイベント時には店舗へ応援に出ることが多いのです。

また、現場主義の反映として、本部は、驚くほど少人数・小規模な組織で成り立っています。また、面白いことに、エリアを統括するエリアマネジャーは固定的な自分の机を持っておらず、「常に各店舗を回って売り場にいることが、売り場を管理するマネジャーの仕事」だと言い切ります。会議資料などは、ノートパソコンを使って移動しながら作成するという徹底ぶりです。

もちろん、I社にもさまざまな性格の人がいます。社交的な人、おとなしい人、理屈っぽい人など十人十色ですが、性格が違っても「売り場が大切、売り場がすべて」という考え方や行動は共通しており、社風となっているわけです。

社風の醸成要因

それでは、社風はどのように醸成されるのでしょうか？　本書で事例として取り上げてきたさまざまな社風の醸成要因は、次の通りです。

①会社の歴史や伝統が社風になっている
②社長や幹部のタイプ（性格）が社風に影響している
③経営理念が社風となっている

①～③に加えて、業界や地域の特性、規模なども影響していると思われます。これらが要因となり社風を醸成していくのですが、先ほど述べたように、経営者の性格が影響すると言っても、性格の違う経営者に交代したから社風が変わるというものではありません。問題は、

このような要素が社員にどのような影響を与えているかということなのです。

例えば、I社の事例で挙げた「現場主義」は〝考え方〟です。経営理念として文言にし、壁に貼ってもよいのですが、それだけでは社員の行動には何ら影響しません。しかし、経営者や役員が自ら現場主義を実践し、日々、社員を指導し、行動が伴った者を評価し、理念を共有できる社員を一人ずつ、常に少しずつ高いレベルへと育て続ければどうなるでしょうか？　それは年月を経て、単なる社長や経営幹部の考え方ではなく、組織の価値判断となり、体質となります。そうなれば、それは社風と言っていいものではないでしょうか。

経営者や管理職が理念を自ら実践することは、社員の手本となり、社員が実践しやすい環境づくりにもなります。また、日々、少しずつ高いレベルへと指導することは、当然ながら現場での教育になります。そして、行動が伴った者を評価し、人材が育った時点で、管理職は自らが行っている役割を委譲すれば、また管理職を一人育成したことになり、さらに社風の醸成が進むというわけです。

納得していただけたでしょうか？　要因はさまざまですが、社風は何らかの良い要因、または悪い要因が、社員の行動に影響するような指導につながったときに醸成されていくのです。つまり社風が良くなるのも悪くなるのも、意志を持って行われる日常的な企業運営の結果であると言えるでしょう。

あくなき理念の追求が理想の社風を醸成する

結論から申し上げると、悪い社風を改善しようとして、あれこれ起こっている問題（現象）に改善策を打ってもほとんど徒労に終わります。例えば、スピードが遅いのんびりした社風を、何事においても迅速さが売りものの社風に改善したいので、すべての仕事の期限を早めに締め切って行動を速くするように指示したとします。もちろん、効果がないとは言いませんが、このような対症療法策を講じても、一時的に一部が改善しても、全体的には効果が薄く、時間がたつと元に戻ってしまったという話をよく聞きます。

それは、これまで述べてきたように、社風とは一朝一夕に出来上がるものではなく、良くも悪くも、何らかの考え方（思想）や方向性（指向）が、時間を掛けて社員の価値判断の基準となり、さらに、それが社員の行動特性として習慣化し、基本動作として染み付いたものであるからです。

社風を変えるということは、その会社の経営者・経営幹部の思想や、社員の習慣的な基本動作を変えるということであり、起きている問題（現象）に対して改善策を講じるというレベルのものではないのです。

赤字企業の社風は変わるか？

ある企業の子会社で、慢性的に赤字の中小企業がありました。四期連続の赤字となり、ついに待ったなしの状態。そこへ親会社から、最後の再建チャンスという使命を帯びた若手の新社長が送り込まれてきたのです。

就任早々、彼が見たものは、赤字を赤字と思わない、驚くべき感性の社員たちでした。新社長がコストダウンを提案すると、「それはできない」「過去にやって失敗した」など、検討もせずに他人事のように反対する始末です。

そこで新社長は、「赤字は罪悪」「全員が黒字社員になろう」「黒字になれば皆が今つらい思いをしている問題はすべて解決する」という考え方を来る日も来る日も説き、また、自らも黒字社員のリーダーとなるべく、現場にも入り、とにかく朝早くから夜遅くまで行動するという手を打ったのです。

やがて、単月決算がギリギリ黒字化し、半期決算がプラスマイナスゼロに。ついにはわずかではありましたが通期決算での黒字化を達成しました。この時点ではなんと、あれだけ「そんなことをやっても無駄」と反発していた社員全員が、「赤字は罪悪である」と心から思っていたから驚きです。

さらに、コストダウンに反対するどころか、各社員が進んでアイデアを出すまでになっていたのです。

つまり、社風が変わったのです。

新社長が打った手は何だったのでしょう。毎日怒鳴りまくるわけでもなく、業績の上がらない社員に厳しいペナルティーを科すわけでもありません。「黒字にしよう」「黒字になればこうなる」と説き、「だから、このように行動しよう」と自ら現場に出てリーダーシップを取り続けるというものでした。

もちろん、指導は厳しいものであったことは言うまでもありませんが、社風を変えようというときの、一つのトップマネジメントの手本でもあります。

自社が目指すものを追求し続ける？

よくある事例と思われたかもしれませんが、実際に私が目の前で体験した事例であって、一番分かりやすい風土（社風）の変化でしたのでご紹介しました。このように、社風とは結果的に醸成されていくものです。悪い社風が醸成されていくのは、目指すべきものが不明確、または絵に描いた餅となっているために、社員が楽な方向へ流されてしまうからなのです。

このような視点で見ると、「良い社風の会社」とは、社風が良いというよりは、あるべき姿（経営理念など）を追求し続けたがために、良い社風と言われるレベルに達している状態のことを言うのではないかと思います。

理想とする社風を醸成するポイントは、自社が何を目指しているのか、それはどのようなものなのか、目指すべきもの（理念・ビジョン）に社員が「リアリティー（現実味）」を感じ、自らの行動を変えていくかどうかです。

ここで言う「リアリティー」とは、現実的な可能性のことではなく、具体的（リアル）に思い描けるかどうか？　という意味です。

したがって、理想とする社風を醸成していくためには、経営者・経営幹部、管理職全員が目指すべきもの（理念・ビジョンなど）をどこまで追求できるかに懸かっているのです。

自社が目指すものを追求し続けるトップマネジメントのあり方とは、次の通りです。

①目指すもの（理念を踏まえたビジョン）を詳細に練り上げ、そのイメージを経営者・経営

幹部で共有化している
②経営者・経営幹部がどうしてもそれを達成したいと強く意識している
③経営者・経営幹部自身の当たり前のレベル（日常活動における価値判断基準）が、目指すものの達成時レベルへ少しずつでも近づいている
④当たり前のレベルから外れるものに、常に対策を打ち続けている
⑤毎日、「わが社は何がしたいのか」「今後、会社をどうしたいのか」を社員に語り、少しずつでも理解を深めている

改善策② マネジメントと教育と人事のバランスが勝負

「社員教育を体系化してシステム化したい」。これは近年、非常に多いコンサルティングのリクエストです。実は、このようなリクエストが多い背景には、これまで述べてきた、さまざまな問題が大きく関わっているのです。

一つは、かねてからの大きな問題である「新入社員の約三〇％は三年以内に退職する」というものですが、さらに、私が見てきた中小企業の現場では、新入社員の退職率が五〇％を

超える企業も少なくありません。

次に、「社員は年々、（仕事の）負荷に弱くなっていく傾向にある」という、人材育成上、致命的ともいえる問題です。また、関連して「心の病に侵される社員が年々増加傾向」といった社会的な課題もあります。

そして、現代の企業組織には「時代環境が生み出した大きな世代間ギャップ」が存在し、現場での「ＯＪＴ」がうまく機能しなくなってきている側面もあります。特に、専任の教育担当者がいない中堅・中小企業では、若手の育成が進まず、次代の組織体制を構築する上で大きな障害になっていることもあります。

これらの問題について、「もう人事担当者に任せられない！」と感じる経営者からのリクエストが、「社員教育を体系化してシステム化したい」というものなのです。つまり、会社全体の取り組みとして、人材育成の基本機能を備えた社風をつくっていきたいということです。

自社が求める人材像

人材育成の体系化を考えるとき、まず取り組まなければならないことは、「自社が望む人材像」を明確化することです。ここでの「望む」の意味は、単に技術レベルがどれくらいか、定性面ではどのようにあるべきか、ということではなく、「中・長期的な経営計画の中で、どのような人材が何人程度必要であるのか」という判断で考える必要があります。

中期計画を考えるとき、少なくとも、「晴れコース案」（理想的な経営計画）で中期計画を実行するには、どの職種の、どの階層で、どの程度、不足人材が発生するのかを押さえる必要があり、そして、その将来像と現状のギャップをどのように埋めていくかが、人材の採用・育成計画となります。

このときの経営計画に基づく組織図に必要な人材像を、各職種・階層における「求める姿」として明文化していきます。これは「コンピテンシー」と呼ばれ、人材の育成や評価の基準、または採用の基準として作成している企業も多くあります。

この「求める姿」と現有人材のギャップを埋めていくために、職種・階層などをもとに研修の制度化やOJTのやり方を型決めし、システム化していきます。そして、このシステムが社風となるまで継続して運用していけば、社員は共通の教育を受けることができるため、少しずつ、ゆっくりではありますが、全体がレベルアップしていけるという設計です。

しかし、この方法は、先に述べたような「経営計画の実現」という限られた時間の中で、目標（組織計画）を達成するための取り組みとしては、いささか弱いと言わざるを得ません。「求める姿」に達するためには、ある程度の時間（五～一〇年）が必要であり、人材採用・育成を続ける中で必要な優秀人材がそろうのを待つしかないからです。

また、中小企業の場合は、人材採用が思うようにいかない場合も多いため、せっかく体系化した人材育成システムがうまく機能しないということも十分考えられます。

組織育成の仕組みづくり

そこで、もっと現実的かつ計画的に組織を構築していくために、タナベ経営で最近ご提案しているのが、各階層から選抜メンバーを指名し、実際の経営に取り入れることを前提にしたレベルで、中期経営計画や事業戦略を策定させるプロジェクト方式の人材育成法です。

具体的には、部長から主任くらいまでの各階層のメンバーが環境を分析し、事業の成長戦略を組み立てていくというもので、階層の異なるメンバーが、同じテーブルでディスカッションを行い、答申書を仕上げていきます。タナベ経営では、このような「組織を斜めに切った選抜メンバーによるプロジェクト」を「ジュニアボード」（メンバーによる模擬役員会）の一つとして支援しています。

この方法には、次の利点があります。

①同じカリキュラムを各階層のメンバーで学び、それを繰り返していくことで、統一された価値判断基準を社内で醸成できる

②環境変化や自社の課題を各階層で共通認識できる

③階層間・部門間のギャップ、コミュニケーション不足を解消できるため、相互理解が進む

④プロジェクトメンバーが各階層にわたるため、策定した経営計画の伝承者が各階層に存在することになる

⑤プロジェクトを常設し、経営の諮問機関とすることにより、役員会のセカンドオピニオンをつくることができる

このように、組織を斜めに切った選抜メンバーによる中期ビジョンプロジェクトは、人材育成法というよりは、「組織を育成する方法」と呼んだほうがよいのかもしれません。ただし、メンバー選定が難しいということがあります。選ばれなかった人のフォローも必要です。

また、プロジェクト運営が難しい（上位者の意見がどうしても強くなる）といった課題もあります。

しかし、この課題は、プロジェクトを経営トップの直轄とすることと、運営に第三者（経営コンサルタントなど）を入れることで、ほぼ解決できることが多いと思います。

若手によるプロジェクトは実は成功確率が低い

若手だけのプロジェクトを立ち上げる企業は多く、私も何度か協力したことがありますが、若手によるプロジェクトの答申が役員会でしっかりと取り上げられることは少ないように思います。何カ月も掛け、分析をして経営改善などの答申をまとめるのですが、その中身を経営にどう生かすのかという検討にまで至らず、プロジェクトの終了時に役員会で発表して終わりというケースが多いのです。

その原因は、残念ながら多くの役員の皆さんが、「若手が勉強したことの報告を受ける」程度の意識であり、そもそも「若手の考えなど、まだまだである」と考えていることにあるようです。

一方、各階層のメンバーで構成されたプロジェクトは、運営面の難しさはありますが、立ち上げ当初、若手には「先輩に負けないようにしなくては」、ベテランには「自分がメンバーに入っているのに、もし内容が伴わなければ大変」という独特の緊張感が走ります。そして、終了時には、階層の違いを超えて、とても良い一体感が生まれていることが多いのです。ぜひ、この「組織を斜めに切った選抜メンバー」による中期ビジョンプロジェクトの立ち上げを検討していただきたいと思います。

企業における人材育成は「矛盾」の実践

私は経営コンサルタントになりたてのころ、企業経営において不思議に感じた矛盾がいくつかありました。人材というテーマに絞ると、

①経営に生産性の追求は必要だが、最も生産性が悪いように思われる人材育成が重要であること

②業績が良くなれば人材育成の予算を十分に取るというが、人材不足で業績が挙がらないこと（これではいつまでたっても同じ）

③企業経営は成果主義が基本で、業績結果に対する評価が中心となるが、人材を成長させるためにはプロセス評価が重要であること（ときには業績結果よりも「頑張り」への評価が

重要になる）

大きな項目としては、この三点です。

しかし、挙げればまだまだあります。例えば、費用対効果では人材育成の効果が測れない（中・長期的には測れるはずなのですが）こと。また、人材は欲しいものの、採用・育成強化予算が取れない状態からどのように脱却するのかということ。

そして、成果主義を追求すると、業績結果が悪いときは、どんなに頑張った人も評価できないことになります。社員は、自分の頑張りに対する評価でモチベーションを高め、それがさらなる努力に結び付いたときに成長するものですが、一番頑張らなくてはならない業績低迷時に社員のモチベーションをどのように上げるのか——などなど、このような矛盾は経営全体においても多く存在します。

例えば、経営コンサルタントとして「身の丈経営が基本」と話した直後に、「事業には赤字覚悟の先行投資も必要」などと提言したりもします。どちらも間違いではないのですが、互いに矛盾していると思いませんか？　経営コンサルタントを長くやってきて思うことは、この矛盾を実践していくことが経営であり、特に、人材育成に関する分野は「シロ」「クロ」

がはっきりしない「グレーゾーン」をつくることが一つのポイントになるということです。

人事処遇制度のグレーゾーンとは

人事評価は、定量評価（結果評価）と定性評価（プロセス評価）を行うのが一般的です。能力評価（スキル評価）も入れて、三段階で評価する企業もありますが、いずれも職能要件などを設定し、職種・階層（等級）において、自社が求める要件を満たしているかで評価を行います。

問題は、同じ等級（同じ能力）で、業績結果を出したが定性的にはマイナス評価の人と、業績は良くないが定性的には社員の鑑《かがみ》である人のどちらを高く評価すべきかということです。成果主義で考えると当然、業績を出したほうが上なのですが、定性評価として「この社員の頑張りには報いてあげたい」という場合もあります。この場合、苦肉の策ではないですが、業績で結果を出した人には通常の評価を行い、どうしてもプロセスを評価したい人には表彰を行う企業が多いように思います。

また、定性評価は、結果ではなくプロセスが要件を満たしているかを評価しなければならないのですが、その基準は人間の感覚であるため、どうしてもあいまいになってしまいます。

このように、人事評価には常にグレーゾーンがあり、前述した矛盾する評価を行うことも多くなってしまうのです。

相反することを同時に行う矛盾

ある企業が、社員の成長に重点を置いて人事評価制度を再設計しました。個人の目標管理を重視し、その人が頑張れば達成可能な目標（本人よりも少しレベルの高い目標）を立てさせて、それを評価して（個人面談で褒めて）いけばモチベーションが上がり、成長へと結び付くと考えました。この考えは、もちろん間違ってはいません。

ところが、個人の能力差と所属部署の環境の差が大きいため、目標レベルに大きな差が表れてしまい、達成時に同じ評価ができなかったのです。そこで、

①本年の基本方針・目標への貢献度
②部門方針・目標への貢献度
③わが社の将来性への貢献度

――などの別基準を設け、個人目標を評価した後に、幹部社員で全社員の相対評価を行うことになったというのです。

最初からこの基準で評価を行えば、後で相対評価をする必要はありません。しかし、個人の頑張りに対してどうしても評価（個人面談し、褒めて次の段階を設定）したいということで、あえて二重構造、しかも相反するようなことを同時に行うことになってしまったのです。

私が駆け出しのコンサルタントだったころ、「定量マイナスなのに定性プラスでは、相殺されて結果的に〝鉛筆をなめている〟ことと同じなので、業績のみで評価すべきだ」とよく先輩コンサルタントに意見したものです。先輩は、「それだけでは人材は育たないのだよ」と教えてくれたのですが、その矛盾した仕組みにどうしても納得がいかず、その意味が本当に分かるまで数年の経験を要したことをよく覚えています。

経営はバランス感覚

これは絶対原則ではありませんが、相反することを同時に行っていくことも経営であり、「業績を伸ばすのが先か、人材を伸ばす（成長させる）のが先か」と聞かれれば、「もちろん、どちらも先だ」と答えるしかないのです。特に中堅・中小企業の場合、この「タマゴが先か、ニワトリが先か」のような問題に突き当たることは常です。

しかし、そこに落とし穴があります。目先の問題のみにとらわれて、どちらか片方の考え方に偏ると悪循環に陥ってしまうのです。

「経営はバランス感覚」ということが、ここでも言えます。視点を高くし、全体をよく観察し、また、環境変化と将来も見越して、今、本当に自社に大切なことを考えると、この矛盾の実践こそが大切であることに気付くはずです。

人材育成というテーマは、私にとって、コンサルタントとしてコンサルティングの中でも、また、タナベ経営における私の管理職としての役割の中でも、ほぼライフワークと言ってよいものであり、私自身もいまだ悩み続け、試行錯誤を繰り返しています。

まだまだ道半ばの段階ですが、少しでも皆さんの悩みの解決のヒントになれば幸いです。

また機会があれば、人材育成について違う角度から考えてみたいと思います。

マネジメントばかりを強化しても業績は挙がりません。また、社員教育ばかりやっていても人材は育ちません。さらに人事（評価）だけにいくら凝ったところで、社員のモチベーションは変わりません。それらのバランスが勝負なのです。経営はバランス感覚という意味はここにあります。

おわりに 社風はゆっくりとしか変わらないもの

さて、ここまで読まれて、皆さんは何を思われたでしょうか?

最後のほうは「抽象論だ、精神論だ」と思われた方も、きっといらっしゃるのではないかと思いますが、経営とは思想であり、考え方です(通常は理念と言います)。

この考え方の下で行われる企業運営において、人材が育つ、またはダメになる風土が醸成されていきます。これが、会社が人材を育てられるか否かという部分です。

そして、このことが分かっており、改善にまい進する経営幹部、管理職もいれば、日々、自分の価値観を部下に押し付けることばかりで、部下を育成できない管理職もいます。

また、現代の世相を反映した教育や環境の中でぬくぬくと過ごしてきて、社会に出たとたんにそのギャップに現実逃避してしまう若手社員がいます。

皆さんには、ぜひこの構図をよくご理解いただき、自社と管理職である自分の置かれている状況を見極めて、手を打ってほしいのです。自分が部下育成に悩んでいるのは、今述べたことのどの部分に問題があるのか? これによって打つ手が変わってきます。

また、目先の手法に惑わされることなく、「社員は鍛えなければ成長しない」という当たり前の原則を踏まえて、部下の個性に合わせてどの鍛え方が良いか考えてほしいのです。

ご自身は、今後目指すべきものが見えているでしょうか？

それを追求するために強い意志を持ち続けているでしょうか？

理想から離れていくことを部下や会社のせいだけにしてはいないでしょうか？

社風とは「改善する」ものではありません。「醸成される」ものです。経営が目指すものを追求し続け、追求するものを達成していくことで、結果的にゆっくり醸成されていくものなのです。

あとがき

本書は、私の経営コンサルティング経験をもとに執筆しました。事例として挙げた内容は、実際のコンサルティングの案件の中からピックアップしたものです（ただし、【エピソード1～5】は、私が本書の解説のために設定したフィクションであり、登場する人物や企業は実在しません）。

タナベ経営では、特に地方に多い中堅・中小企業の皆さまに、地域に根差した十分な対応ができるようにという姿勢の下、全国の主要都市に拠点を置き、経営コンサルタントを配しています。もちろん大企業とのお付き合いもありますが、そうした企業は、もともと中堅・中小規模であった企業が成長を遂げ、現在の業容になったところがほとんどです。

タナベ経営は総合的に経営を診るコンサルティングファームですので、人材育成に限らずさまざまな支援をさせていただいていますが、中堅・中小企業の人材に関する悩みは非常に多く、私の約二〇年間の経営コンサルタント生活の中でも、かなりのウエートを占める分野です。

したがいまして、本書の事例のモデルも、ほぼ中堅・中小企業ですので、中堅・中小企業の管理職、経営幹部の皆さんにご参考いただけるものになっていると思います。

人材育成の本質的なこと――特に上司としての考え方や姿勢の部分は、大企業でも中堅・中小企業でも変わらないとは思いますが、各章で紹介した事例などは、大企業の管理職の皆さんが抱える大企業病的な課題などとは少し異なり、違和感のある部分があったかもしれません。そこは、ご容赦いただくとして、企業における人材育成の本質な部分、つまり、《第5章　人材育成の七つのポイント》と、《第9章　人が育つ社風をつくるには》を参考にしていただければと思います。

そして、部下育成に悩む管理職の皆さんには、《第7章　「ダメ社員問題」は本当に個人の特性によるものなのか》をぜひお読みいただきたいと思います。この章は、私が見てきた、部下が育たない会社と育てられない多くの管理職の特性を解説したものです。もしかすると耳の痛い方もいらっしゃるかもしれませんが、それが客観的な事実であることは、多くの事例から見てほぼ間違いないと思っています。

人材育成ほど、矛盾だらけで、よく分からない世界はないと思います。私はそんな世界にどっぷりと漬かってほぼ二〇年を過ごしてきましたが、最後に皆さんへ申し上げたいことは、「部下のことをどれだけ考えても、見返りはないかもしれない」という考えも必要なのではないか、ということです。よく、「こんなに部下のことを考えてやっているのに……」という相談を受けますが、「考えてやっている」「してやっている」は自己満足です。

誤解がないように申し上げますが、もちろん考えてあげることは必要です。しかし、「こんなにしてやっているのに……」というのは、見返りを求めている態度です。私は、人材育成とは見返りを求めるものではないと思うのです。

「あいつはダメだ」と社員の育成をあきらめたときは、上司として、そして企業組織としての成長が、どんどん遅れていってしまいます。最悪、せっかく育てた社員が退職してしまうこともあります。たとえ新しい人を採用できたとしても、またゼロから新人育成が始まるのです。

ですから、そもそも、「見返りを求めない」ことが大切です。部下が、あなたの気持ちに応えてくれなくてもよいではないですか。大変冷めた考えに聞こえるかもしれませんが、私は、部下に見返りを求めている方々の態度に違和感を覚えます。

感謝なんかされない。それでよいのではないですか？

今どきの上司と、今どきの若手（部下）との大きなギャップを見る限り、そもそも、そのようなものだと割り切って取り組む。そんな上司側の姿勢が必要だと私は思っています。そんなわけで、見返りを求めないことは、人材育成の基本的な姿勢だと思うのですが、いかがでしょうか？

皆さまのご健闘をお祈りしております。また機会がございましたら、微力ながら、皆さまのご支援をさせていただければ幸いです。

最後になりましたが、本書の出版に際しご尽力いただいたダイヤモンド社の花岡則夫編集長、前田早章副編集長、寺田文一氏、編集・執筆にご協力いただいたクロスロードの安藤柾樹氏、装丁をご担当いただいた斉藤よしのぶ氏に、心より感謝いたします。

笠島　雅人

［著者］
笠島雅人（かさじま・まさひと）
タナベ経営　北海道支社長
1962年生まれ、北海道出身。IT企業勤務を経て、1997年タナベ経営入社。2006年4月より現職。入社当初から、全国各地の企業診断にメンバーとして参加し、地域中小企業から一部上場企業まで、幅広いコンサルティング経験を持つ。戦略構築に伴う組織改革、業績コントロールシステムの構築、情報システムの再構築、人事処遇制度、人事評価制度、幹部人材育成などで実績を挙げている。「成長するクライアント企業と共に成長するパートナーであり続けたい」が信条。

「部下が育たない」と悩む人の本
——悪いのは会社か？　あなたか？　本人か？

2016年２月18日　第１刷発行

著　者——笠島雅人
発行所——ダイヤモンド社
〒150-8409　東京都渋谷区神宮前6-12-17
http://www.diamond.co.jp/
電話／03･5778･7235（編集）　03･5778･7240（販売）
装丁————斉藤よしのぶ
編集協力——安藤柾樹（クロスロード）
製作進行——ダイヤモンド・グラフィック社
印刷————八光印刷（本文）・慶昌堂印刷（カバー）
製本————本間製本
編集担当——寺田文一

ISBN 978-4-478-06827-4